Max Lucado
LIMONADENREZEPTE FÜR ZITRONENTAGE

Max Lucado

# Limonadenrezepte für Zitronentage

*Jeder Tag verdient seine Chance*

**Über den Autor:**

Max Lucado steht als Pastor im Gemeinde- und Rundfunkdienst und arbeitet als Schriftsteller. Er hat drei Töchter, lebt mit seiner Frau in San Antonio/Texas und zählt zu den erfolgreichsten christlichen Autoren der Welt.

**Bibliografische Information Der Deutschen Bibliothek**
Die Deutsche Bibliothek verzeichnet diese Publikation in der Deutschen Nationalbibliografie; detaillierte bibliografische Daten sind im Internet über http://dnb.ddb.de abrufbar.

2. Auflage 2008
ISBN 978-3-86827-032-7
Alle Rechte vorbehalten
Originaltitel: Every Day Deserves a Chance
© 2007 by Max Lucado
Published by Thomas Nelson, Inc., PO Box 141000, Nashville, TN 37214, USA
© der deutschsprachigen Ausgabe:
2008 by Verlag der Francke-Buchhandlung GmbH
35037 Marburg an der Lahn
Übersetzt von Ingo Rothkirch
Umschlaggestaltung: Verlag der Francke-Buchhandlung GmbH
Satz: Verlag der Francke-Buchhandlung GmbH
Druck und Bindung: CPI Moravia Books, Korneuburg

www.francke-buch.de

# Inhaltsverzeichnis

1. Limonadenrezepte für Zitronentage – Jeder Tag verdient seine Chance ............................................. 7

**Teil 1 – Den Tag in Gottes Gnade tauchen** ........................ 15
2. Barmherzigkeit für Tage voller Scham und Schande.......... 17
3. Dank für Tage voller Pech und Pannen ........................... 22
4. Vergebung für Tage voller Bitterkeit .............................. 30

**Teil 2 – Den Tag mit Gottes Weitsicht planen** .................. 39
5. Frieden für Tage voller Angst und Sorgen ...................... 41
6. Hoffnung für Tage voller Hindernisse ............................ 50
7. Treibstoff für Tage ohne Saft und Kraft ......................... 59
8. Vertrauen für Tage voller Furcht und Angst ................... 66

**Teil 3 – Den Tag nach Gottes Idee leben** ......................... 75
9. Berufung für Tage ohne Sinn und Ziel ........................... 77
10. Entscheidung für ein Zeichen der Liebe ....................... 84

Schlussbemerkungen: Ein grünes Hälmchen im Grau des Alltags.... 93
Nachgehakt ................................................................ 98

# 1. Limonadenrezepte für Zitronentage – Jeder Tag verdient seine Chance

Weicher Meeressand unter den Füßen, eine kühle Brise streicht über die Haut. Das Tiefblau des Pazifiks erstreckt sich vor mir. Sanft rollen die Wellen ans Ufer. Ein paar Möwen kreischen und segeln im Wind. Am Horizont zeichnen sich einige palmenbewachsene Inseln ab.

Ein Morgen zum Genießen. Und genau an einem solchen Morgen schreibe ich dieses Buch. Da kommt mir der Gedanke, dass es nicht schwer ist, einem solchen *Tag eine Chance zu geben – wenn er wie dieser beginnt!* Ich sinke zurück in den Liegestuhl, falte die Hände hinter dem Kopf und schließe die Augen.

Gerade in diesem Augenblick entschließt sich ein Vogel dazu, mein T-Shirt als Zielscheibe zu nutzen. Ganz ohne Vorwarnung. Keine Sirene, kein Fliegeralarm. Nein, einfach nur: Platsch!

Ich sehe sie noch fortfliegen – diese schadenfrohe Möwe.

Bäh! Dreimal ziehe ich mein T-Shirt durchs Wasser und rücke meinen Liegestuhl von den Bäumen weg. Ich versuche alles, um den Zauber dieses Morgens aufs Neue zu spüren, aber es will mir nicht gelingen. Ich bekomme die Möwe nicht mehr aus dem Kopf.

Eigentlich müsste es mir doch leichtfallen. Noch immer rollt die Brandung, die Wolken gleiten so gemächlich wie vorhin, das Meer ist noch ebenso blau und der Sand genauso weiß. Aber der „Möwenplumpser" will mir nicht aus dem Sinn!

Dieses blöde Vieh!

Typisch für diese Biester! Immer wieder bringen sie alles durcheinander. Lassen gerade da was fallen, wo *ich* sitze oder stehe! Auf eines kann man sich (immerhin) verlassen: Es vergeht kein Tag an dem man nicht einem Möwenplumpser zum Opfer fällt.

Der Verkehr kriecht, Flüge haben Verspätung, Freunde vergessen Verabredungen.

## LIMONADENREZEPTE FÜR ZITRONENTAGE

Ehepartner meckern.

Und dann diese besonders düsteren Tage, an denen kein Lichtstrahl der Zuversicht durchzudringen scheint. Die Stimmung ist auf dem Nullpunkt angekommen: *Das Krankenbett oder der Rollstuhl wird wohl zum ständigen Begleiter! Das Gefängnis der eigenen, erdrückenden Gedanken nimmt einen erneut gefangen. Die Friedhofserde ist noch frisch, die Entlassungspapiere stecken noch in der Tasche, die andere Seite des Bettes ist noch immer verwaist.* Wer erwartet schon etwas Positives von einem solchen Tag?

Nicht viele ... aber sollten wir es nicht dennoch versuchen? Auch solche Tage haben eine Chance verdient. Wer weiß, vielleicht treffen wir ja doch noch ins Schwarze und werden genommen, wenn wir zum Vorsingen gehen! Hat nicht jeder Tag die Chance verdient, im Guten zu enden?

Immerhin. „Dies ist der Tag, den der Herr macht; lasst uns freuen und fröhlich an ihm sein" (Psalm 118,24). Bei den ersten beiden Worten kratzen wir uns womöglich am Kopf und runzeln zweifelnd die Stirn: Wie? Selbst *diesen Tag?* Die Feiertage, ja, die hat der Herr wohl gemacht. Oder Hochzeitstage. Ostersonntag. Die Tage unseres Urlaubs – die hat er gemacht. Aber *diesen Tag?*

Ja, Gott schuf auch diesen Tag! Der Vers aus dem Psalm bezieht sich auf alle Tage: Scheidungstage, Prüfungstage, OP-Tage, Steuerprüfungstage und Abschiedstage, wenn die Älteste auszieht, um von Stund an auf eigenen Füßen zu stehen.

Wie mitgenommen hat mich damals der Abschied von unserer Tochter Jenna! So schlimm hatte ich es mir nicht vorgestellt. Wir packten Jennas Sachen und luden sie ins Auto, und dann ließen wir ein Leben hinter uns – so, wie wir es 18 Jahre kannten. Wieder einmal war ein Kapitel unseres Lebens zu Ende. Von nun an stand ein Teller weniger auf dem Tisch, es kehrte große Stille im Haus ein und es gab kein Kind mehr zu beherbergen. Dieser Tag war gewiss unumgänglich. Er war lange geplant und vorausgesehen – und dennoch zerriss dieser Tag mich innerlich.

Ich war nicht mehr ich selbst. Bei einer Tankstelle fuhr ich mit der Zapfpistole im Stutzen los und riss dabei den Schlauch aus der Säule. Ich verfuhr mich in einer Kleinstadt, die wir passierten. Und die ganze Zeit über blies ich Trübsal. Angekommen, packten wir aus, und ich

schluckte einen Kloß nach dem anderen, der mir die Kehle zuzuschnü-
ren drohte. Langsam füllte sich das kleine Zimmer meiner Tochter, und
ich schmiedete Pläne, sie zu kidnappen, um sie dorthin zu bringen, wo
sie hingehörte, nämlich nach Hause. Aber dann, während wir all die
Sachen vom Auto durch die Flure in Jennas neues Zimmer schleppten,
ging ich an einem Schwarzen Brett vorbei, und da hing ein Zettel, auf
dem stand:

*Dies ist der Tag, den der Herr gemacht.*
*Lasset uns freuen und fröhlich sein!*

Wie angewurzelt blieb ich stehen, starrte auf den Zettel und ließ die
Worte auf mich wirken. Gott hatte also auch *diesen* Tag gemacht? Er
hatte diesen herzzerreißenden Augenblick mit allen Details geplant?
Wenn uns etwas tief berührt und beunruhigt, geschieht dies nicht, weil
Gott gerade Urlaub macht! Er hat keineswegs den Dirigentenstab aufs
Pult gelegt und sich in den Pausenraum verzogen. Nein, er hält den
Steuerknüppel fest in der Hand und sitzt noch immer auf dem einzigen
Thron des Universums. Jeder einzelne Tag ist übers Zeichenbrett Gottes
gegangen – auch dieser!

Und so entschloss ich mich, dort im Studentenwohnheim, auch diesem scheinbar so verdorbenen Tag noch eine Chance zu geben. Ich war
bereit, meinen Blickwinkel zu ändern und in den Gesang des Psalmisten
einzustimmen, auch wenn es mir unsäglich schwerfiel: *Ich will mich freuen*
*und fröhlich sein!*

Aber ist da nicht noch eine andere Stelle in diesem Vers, die uns „unbequem" erscheint?

„Lasst uns freuen und fröhlich an ihm sein", heißt es.

Ist das nicht auch eine Aussage, bei der wir gerne den Rotstift zücken
würden, um das *an ihm* durch ein *nach ihm* zu ersetzen? Die Idee uns zu
freuen und fröhlich zu sein ist ja gut und schön, aber jetzt gleich? Noch
an diesem Tag? Nicht lieber erst morgen? Wenn wir alles überstanden
haben? Das würde doch reichen, oder? Aber nein. *Dies* ist der Tag! Gott
ermuntert uns mit diesem Wort, uns *mittendrin* zu freuen. Paulus freute
sich *im* Gefängnis. David schrieb seine Psalmen *in* der Wüste seines Le-

LIMONADENREZEPTE FÜR ZITRONENTAGE

bens. Jona betete *im* Bauch des Fisches. Paulus und Silas sangen *im* Gefängnis. Die drei Männer blieben *im* Feuerofen unverzagt. Johannes sah den neuen Himmel auch während er *im* Exil auf der Insel Patmos war. Und Jesus betete *im* Garten seiner größten Angst. Aber wie gelingt es uns, an Tagen wie diesen vergnügt zu sein?

Wie anders sähe die Welt aus, wenn es uns gelänge!

Stellen wir uns vor, wir steckten ganz tief drin in einem schrecklichen, grässlichen, unschönen, ja sehr schlechten Tag. Und dann fassen wir den Entschluss, ihm dennoch eine Chance zu geben. Wir nehmen uns vor, ihn nicht länger zu vergeuden, indem wir uns betrinken, bis zum Umfallen arbeiten oder die Zeit mit Sorgen totschlagen. Stattdessen vertrauen wir darauf, dass alles gut werden kann. Wir fahren den Stress herunter, spüren jedem Funken von Dankbarkeit nach, lassen alles Nörgeln verstummen. Über kurz oder lang haben sich die Wogen geglättet und der Tag verläuft eigentlich überraschend ordentlich.

Wow! Das macht Eindruck – so sehr, dass Sie sich entschließen, auch dem nächsten Tag dieselbe Chance zu geben. Er fängt vielleicht wieder ebenso mies an – mit „Möwenplumpsern" und kleinen und großen Schicksalsschlägen. Und doch verdient auch dieser Tag eine Chance! Und am darauffolgenden Tag kann es so weitergehen. So werden aus Tagen Wochen, aus Wochen Monate und schließlich aus Monaten Jahre – eine endlose Reihe guter Tage.

So lässt sich ein gutes Leben führen. Einen guten Tag nach dem anderen.

Eine Stunde ist zu kurz und ein Jahr zu lang. Es sind die Tage, die unserem Leben erfahrbar Struktur verleihen. Sie sind die von Gott geschaffene Ordnungseinheit, die uns hilft, unser Leben zu handhaben.

Ein Tag – das sind:

Vierundachtzigtausend Herzschläge.

Eintausendvierhundertvierzig Minuten.

Eine komplette Erdumdrehung.

Eine Runde auf der Sonnenuhr.

Vierundzwanzig Mal die Sanduhr gedreht.

Ein Sonnenaufgang und ein Sonnenuntergang.

Ein jeder Morgen ist nagelneu, wie aus dem Ei gepellt, unberührt und ohne Gebrauchsspuren!

Ein Geschenk von 24 Stunden, ungelebt und zur freien Verfügung.

Und wenn Sie dann einen guten Tag an den anderen heften, so ergibt das zusammen – *ein gutes Leben.*

Aber Folgendes gilt es dabei zu beachten:

Aufs Gestern ist der Zugriff verweigert! Er entglitt Ihnen während Sie schliefen. Gestern ist Schall und Rauch. Sie können einen Einfluss geltend machen. Versuchen Sie mal, nach Rauch zu haschen. Gestern ist nicht mehr greifbar, es lässt sich nichts dran ändern, nichts nachträglich verbessern. Ein zweiter Versuch für denselben Tag ist leider nicht möglich. Der Sand einer Sanduhr rieselt nun mal nicht nach oben. Der Sekundenzeiger einer Uhr läuft nun mal nur vorwärts. Ist ein Kalenderblatt abgerissen, so lässt sich dies nicht mehr rückgängig machen. Gestern ist gestern und nicht heute.

*Und auch auf das Morgen lässt sich nicht unmittelbar zugreifen.* Selbst wenn Sie die Erdumdrehung beschleunigen könnten, oder die Sonne dauernd überzeugen könnten zweimal auf-, aber nur einmal unterzugehen, wäre es nicht möglich, heute schon im Morgen zu leben. Das Geld von morgen können Sie nicht heute ausgeben. Noch zu bestehende Prüfungen können Sie nicht schon heute feiern. Und auch die Herausforderungen, die sich morgen auftun, lassen sich nicht heute bewältigen. Heute ist der einzige Tag, an dem Sie handeln können. Und es ist *dieser* Tag, den der Herr gemacht hat.

Kosten Sie ihn voll aus. Um etwas in Gang zu setzen, müssen Sie real anwesend sein, und das sind Sie nur heute. Beschweren Sie nicht diesen heutigen Tag mit den Lasten von gestern und verderben sie ihn nicht mit den Sorgen von morgen. Dieser Ratschlag klingt logisch, aber halten wir uns immer daran?

Wir tun unseren Tagen häufig das an, was ich mir auf einer Radtour einmal geleistet habe. Gemeinsam mit einem Freund nahm ich eine ausgedehnte Bergtour in Angriff. Aber schon nach kurzer Wegstrecke war ich völlig erschöpft. Nach einer halben Stunde taten mir die Beine weh und ich schnaufte wie ein Walross. Mit letzter Kraft trat ich in die Pedale. Ich habe zwar nicht das Format eines Lance Armstrong, aber ein Anfänger im Radsport bin ich auch nicht, und dennoch fühlte ich mich so. Nach einer Dreiviertelstunde musste ich schließlich absteigen, weil ich

# LIMONADENREZEPTE FÜR ZITRONENTAGE

keine Luft mehr bekam. Und da bemerkte mein Freund, weswegen ich so erschöpft war. Die Hinterradbremse hatte sich verharkt und lag zu beiden Seiten meines Reifens. Ich hatte bei jedem Pedaltritt gegen den Widerstand des Gummis angekämpft. Kein Wunder, dass die Fahrt eine Qual war!

Aber geht es uns im Alltag nicht oft genauso? Bremsen wir das Heute nicht auf der einen Seite mit alten Schuldgefühlen und auf der anderen Seite mit Zukunftsangst? Wen wundert es da, dass wir nicht vorankommen und unsere Tage als schwere Last empfinden? Wir sabotieren, was der Tag uns schenken will, und tun alles, um ihn miserabel zu gestalten, indem wir die Mühsal von gestern immer noch mitschleppen und uns die Probleme von morgen bereits aufladen. Reue und Zukunftsängste – wie soll da der Tag eine Chance bekommen?

Was aber können wir anders machen? Einen Ratschlag gebe ich gern: Wenden Sie sich an Gott. Der Ewige, der die Zeit erschaffen hat, weiß etwas dazu zu sagen. Und er gibt uns in seiner Heiligen Schrift eine Formel an die Hand, mit der wir unsere Tage optimal gestalten können.

*Den Tag in Gottes Gnade tauchen.*
„Da antwortete ihm Jesus: ‚Ich versichere dir: Noch heute wirst du mit mir im Paradies sein.'"
(Lukas 23,43)

*Den Tag in seine Obhut geben.*
„Unser tägliches Brot gib uns Tag für Tag."
(Lukas 11,3)

*Seine Führung akzeptieren.*
„Wer mir nachfolgen will, darf nicht mehr sich selbst in den Mittelpunkt stellen, sondern muss sein Kreuz täglich auf sich nehmen und mir nachfolgen."
(Lukas 9,23)

Gnade. Obhut. Führung.

## JEDER TAG VERDIENT SEINE CHANCE

Lassen Sie also zu, dass Ihr Tag von Gott bestimmt ist. Geben Sie jedem Tag die Chance, ein guter Tag zu werden. Und während Sie alles tun, um ihn gelingen zu lassen, schauen Sie hin und wieder mal nach oben, ob nicht eine Möwe mit frechem Grinsen in Ihre Richtung fliegt.

## Wie aus dem Tag noch etwas werden kann

Wenn wieder einmal alles schiefgeht, dann stellen Sie sich folgende Fragen:

1. Was werfe ich mir vor?
2. Worüber mache ich mir Sorgen?
3. Wie fülle ich meinen Tag sinnvoll aus?

Während Sie darüber nachdenken, sollten Sie sich vergegenwärtigen:

Gestern – ist vergeben.
Morgen – ist seiner Obhut anvertraut.
Heute – will er mich leiten.

Jesu Plan für einen guten Tag macht Sinn: Seine Gnade löscht die Schuldenlast. Seine Obhut nimmt uns die Angst, und seine Führung bewahrt uns vor Irrwegen.

# TEIL 1

## DEN TAG IN GOTTES GNADE TAUCHEN

Gestern haben Sie es vermasselt. Sie haben sich die Zunge verbrannt, haben den falschen Weg eingeschlagen, der falschen Person Sympathie bekundet und falsch reagiert. Sie haben geredet, wo Sie hätten zuhören sollen, sind gegangen, statt noch ein bisschen zu warten. Sie haben verurteilt, wo Sie hätten vertrauen sollen, und haben klein beigegeben, obgleich ein klares Wort vonnöten gewesen wäre.

Ja, gestern haben Sie es vermasselt. Aber der Schaden wird nur noch größer, wenn Sie zulassen, dass die Fehler von gestern Ihre Einstellung von heute sabotieren. Gottes Barmherzigkeit ist nämlich jeden Morgen neu. Greifen Sie zu! Vielleicht nehmen Sie sich die Bäume in den Rocky Mountains zum Vorbild. Einige Bäume dort sind viele hundert Jahre alt – bei Weitem älter jedenfalls als das sonst übliche Lebensalter von sechzig Jahren dieser Art. Einer der im vollen Saft stehenden Patriarchen dort ist gut siebenhundert Jahre alt! Wie kommt das? Es liegt am Regen, der fast täglich fällt. Der Boden ist so ständig feucht, die Luftfeuchtigkeit ist hoch, und so richten selbst Blitze meist nur geringen Schaden an.

Auch wir werden immer wieder vom Blitz getroffen – vom Blitz des Bedauerns, und im Nu brennt alles lichterloh. Aber Sie können etwas dagegen tun. Setzen Sie sich den Regengüssen der Gnade Gottes aus. Lassen Sie seine Vergebung täglich alles abwaschen. Tauchen Sie ein, ein Regenguss jährlich ist einfach zu wenig. Selbst einmal im Monat reicht nicht aus. Und ein wöchentlicher Schauer hat auch nicht die Wirkung. Sprachlicher Nebel lindert nicht die Brandgefahr. Tauchen Sie Tag für Tag gründlich in Gottes Gnade ein. „Die Güte des Herrn hat kein Ende, sein Erbarmen hört niemals auf, es ist jeden Morgen neu! Groß ist deine Treue, o Herr" (Klagelieder 3,22-23).

## 2. Barmherzigkeit für Tage voller Scham und Schande

*Was sieht der Verbrecher?* Modrige Wände, der Boden voller Unrat. Nur wenig Licht fällt durch einen Mauerspalt. Seine Zelle ist düster, genauso wie seine Tage. Ratten huschen an ihm vorbei und verschwinden in dunklen Löchern. Wenn er es könnte, würde er es ihnen gleichtun.

*Und was hört der Verbrecher?* Wächterschritte vor der Tür. Riegel klacken. Die Zellentür quietscht in den Angeln. Barsch der Mann, der sie aufreißt: „Aufstehen! Heute bist du dran!"

*Was sieht der Verbrecher?* Verachtung in den Gesichtern der Menschen, die die Gassen säumen. Da spuckt ein Mann, eine Frau wendet sich ab. Und auf dem Hügel angekommen, reißt ihn ein Soldat zu Boden. Schon presst ein anderer seinen Arm gegen den Balken und fixiert ihn mit den Knien. Er sieht, wie der Soldat nach dem Hammer und den Nägeln greift.

*Was hört der Verbrecher?* Hämmern. Hammerschläge. Das eigene noch schlagende Herz. Die Laute derer, die ächzend den Pfahl aufrichten. Ein dumpfer Aufschlag, als dessen Ende ins gegrabene Erdloch fällt.

*Was fühlt der Verbrecher?* Schmerz. Schmerz, der den Atem raubt und das Blut stocken lässt. Jede Faser in Flammen.

*Was hört der Verbrecher?* Stöhnen. Sein eigenes Winseln aus tiefer Kehle. Tod. Nichts als seinen eigenen Tod. Das Golgathalied in Moll. Kein Lied, das Hoffnung auf ein Morgen weckt.

Schmerz und Tod – dies sieht, dies hört, dies fühlt er, mehr ist nicht übrig geblieben. Doch dann dringt ein Wort an sein Ohr: „Vater, vergib ihnen, denn sie wissen nicht, was sie tun" (Lukas 23,34).

Es klingt wie eine sanfte Flötenweise mitten auf dem Schlachtfeld. Eine Regenwolke, die die Wüstensonne verdeckt. Jesus betet.

Und so reagiert der Verbrecher: Er hat nur Spott für Jesus übrig: „Ebenso beschimpften ihn die beiden Verbrecher, die mit ihm gekreuzigt worden waren" (Matthäus 27,44).

## TEIL 1 – DEN TAG IN GOTTES GNADE TAUCHEN

Der Verletzte kann nicht anders, als seinerseits zu verletzen. Dem Wunden geschlagen wurden, muss seinerseits Wunden schlagen. Noch hier an der Schädelstätte gilt die Hackordnung der Welt. Und der Verbrecher ist nicht bereit, einzustecken, er teilt aus. So schließt er sich der johlenden Menge an: „Anderen hat er geholfen, aber sich selbst kann er nicht helfen. Wenn er wirklich der König Israels ist, soll er doch vom Kreuz heruntersteigen ... Hat er nicht gesagt: *Ich bin Gottes Sohn*?" (Matthäus 27,42-43).

Aber Jesus weigert sich, Gleiches mit Gleichem zu vergelten, und so erlebt der Verbrecher zum ersten Mal an diesen Tag – ja vielleicht in seinem Leben –, was Freundlichkeit des Herzens bedeutet. Keine hasserfüllten Blicke, keine Scharfzüngigkeit, sondern geduldiges Ertragen.

Das nimmt dem Verbrecher den Wind aus den Segeln. Sein Spott verstummt, und er selbst will den Spott zum Verstummen bringen: „Wir werden hier zu Recht bestraft. Wir haben den Tod verdient. Der hier aber ist unschuldig; er hat nichts Böses getan." Der Verbrecher spürt, einem Mann nahe zu sein, der auf dem Weg in den Himmel ist, und so äußert er eine Bitte: „Denk an mich, wenn du in dein Königreich kommst!" (Lukas 23,42).

Und Jesus, der es sich zur Gewohnheit gemacht hat, selbst die, die im Schatten der Gesellschaft leben, in seinen Regierungssitz einzuladen, teilt auch hier verschwenderisch seine Gnade aus, indem er antwortet: „Ich versichere dir: Noch heute wirst du mit mir im Paradies sein" (Lukas 23,43).

So fällt in diesen Tag, der so hoffnungslos begann, ein Gnadengeschenk, ein Geschenk der Barmherzigkeit Gottes.

*Und was sieht der Dieb nun?* Er sieht, wie ein Sohn seine Mutter einem Freund anvertraut und damit die Freundschaft ehrt (Johannes 19,26-27). Er sieht den Gott, der das Buch der Gnade schrieb.

Den Gott, der Adam und Eva aus den Büschen und Mose nach dem Mord aus der Wüste herausholte. Den Gott, der Raum für David schuf, obwohl dieser Batseba verführte. Den Gott, der Elia nicht aufgab, obwohl Elia ihn bereits aufgegeben hatte.

Diesen Gott sieht der Dieb.

*Und was hört der Verbrecher?* Er hört, was der flüchtende Mose in der

## 2. Barmherzigkeit für Tage voller Scham und Schande

Wüste vernahm, der verzagte Elia in der Einsamkeit – und der Ehebrecher David.

Er hört ...

– was ein wankelmütiger Petrus nach dem Hahnenschrei hörte,
– was die Jünger hörten, als der Sturm sich legte,
– was die Ehebrecherin hörte, nachdem die Ankläger gegangen waren,
– was die Samariterin am Brunnen hörte, bevor die Jünger kamen,
– was der verstockte Saul hörte, nachdem die Sonne aufgegangen war,
– was der Gelähmte hörte, nachdem die Freunde ihn durchs Dach gelassen hatten,
– was der Blinde hörte, als er Jesus auf der Straße begegnete,
– was die Jünger am frühen Morgen am Seeufer hörten.

Es ist jedes Mal ein Zuspruch der Gnade aus Liebe gewesen. Gnade aus Liebe. Unverdient. Unerwartet: „Noch heute wirst du mit mir im Paradies sein" (Lukas 23,43).

*Paradies?* Das ist der Vorhimmel, der Aufenthaltsort der Geretteten bis zur Wiederkunft Christi. Der Baum des Lebens steht dort. Und Gott ist da, aber auch der Verbrecher, dessen Tag im Kerker der Römer begann.

Nicht verschämt durch einen Seiteneingang ist er eingetreten, oder unter dem Mantel der Nacht. Nein, mit Jesus ist er eingezogen. Im Paradies gibt es keine Bürger zweiter Klasse. Der Verbrecher betritt das Paradies auf demselben roten Teppich wie Christus.

*Heute noch!* Ohne Umwege. Kein Fegefeuer. Kein finsteres Totenreich. Gnade ist wie ein Sonnenaufgang, der den dunklen Tag des Verbrechers erhellt. So wird aus der Anhöhe, die eine Stätte des Todes war, ein Berg der Verklärung.

Vielleicht entdecken Sie Parallelen in Ihrem eigenen Leben. Die Fehler von gestern, das sind die Soldaten, die Sie begleiten zu dem Ort der Schande. Sie stoßen Sie hinauf nach Golgatha. Und am Straßenrand die Ankläger, die Ihnen Ihre Schuld vorhalten:

*Du hast Vater und mich im Stich gelassen!*
*Mit deiner Sucht hast du dir die Jugend geraubt!*
*Du hattest versprochen, zurückzukommen!*
Und schon sind Sie ans Kreuz Ihrer Fehler und Schwächen genagelt.

## TEIL 1 – DEN TAG IN GOTTES GNADE TAUCHEN

Gewiss, Sie haben diese Fehler ja begangen. Und was nun? Was sehen Sie? Tod. Was fühlen Sie? Schande. Was höre Sie? Ah, das ist die eigentliche Frage: Was hören Sie? Gelingt es Ihnen, Jesu Stimme zwischen all den Rufen der Ankläger herauszuhören? Und hören Sie die wunderbare Verheißung: „Noch heute wirst du mit mir im Paradies sein."

*Heute.* An dem Tag, an dem Sie eben noch so tief im Elend steckten, tut Jesus ein Wunder. Während andere Sie ans Kreuz Ihres eigenen Versagens nageln wollen, öffnet er die Tür zu einer hellen Zukunft. Jesus bringt Licht in Ihre dunklen Tage. Und dieses Licht, das alles ausfüllt, ist seine Gnade. Jesus zeigt Barmherzigkeit für Tage der Scham und Schande.

Er nimmt Ihre Schuld weg, wenn Sie ihn darum bitten. Er wartet lediglich darauf, dass Sie ihn fragen. Und die Worte des Verbrechers am Kreuz genügen dafür: „Wir verdienen die Strafe, er aber nicht. Er hat nichts getan."

*Wir* sind auf dem falschen Weg. *Er* ist auf dem richtigen.

*Wir* sündigen. *Er* ist der Erlöser.

*Wir* brauchen Gnade. *Jesus* kann sie schenken.

Deshalb bitten Sie ihn noch heute: „Denke an mich, wenn du in dein Reich kommst."

Wenn Sie das tun, wird er wie damals zu dem Verbrecher auch zu Ihnen sagen: „Noch heute wirst du erfahren, wie es im Paradies ist."

Haben Sie heute zum ersten Mal diese Bitte formuliert? Dann seien Sie willkommen! Sie sind gerade in eine Beziehung getreten, die bestimmen wird, wie Sie die Ewigkeit verbringen. „Wer an den Sohn Gottes glaubt, der hat das ewige Leben" (Johannes 3,36). Indem Sie nun ein neues Leben beginnen, werden einige Dinge an Bedeutung gewinnen: Bibel und Gemeinschaft. Regelmäßiges Bibellesen leitet uns durch das Leben und verwurzelt die Seele im Glauben (siehe Hebräer 4,12). Die Gemeinschaft innerhalb der Gemeinde-Familie bindet uns aneinander zum Dienst (siehe Hebräer 10,25). Bitten Sie Gott, dass Sie eine Gemeinschaft von Gläubigen finden, die Ihnen hilft, die Bibel zu studieren und den Dienst am Nächsten praktisch werden zu lassen.

## Wie aus dem Tag noch etwas werden kann

Wenn der Tag wieder einmal den Bach hinuntergeht, dann sollten Sie Folgendes tun:

Nehmen Sie ein Bad in Gottes Gnade. Lassen Sie alles, was geschieht, von seiner Barmherzigkeit bescheinen. Jesus hat Ihr Lebenskonto, das im Minus war, schon ausgeglichen und alle Schulden bezahlt. „Christus hat unsere Sünden auf sich genommen und sie selbst zum Kreuz hinaufgetragen" (1. Petrus 2,24).

Wenn Sie wieder einmal die Geduld verlieren mit Ihren Kindern und Ihnen womöglich die Hand ausrutscht, dann meldet sich Christus: „Ich habe dafür bezahlt." Lügen Sie wie gedruckt, während der Himmel zuhört und seufzt, erhebt Ihr Erlöser seine Stimme: „Mein Tod hat diese Sünde schon bedeckt." Auch wenn Sie lüstern nach fremden Männern oder Frauen schauen, sich hämisch freuen, auf andere neidisch sind oder den Nächsten richten, so steht Jesus vor dem himmlischen Tribunal und weist auf das blutige Kreuz: „Dafür bin ich in Vorleistung getreten. Ich habe die Sünden der Welt bereits auf mich genommen."

Was für ein Geschenk! Ein größeres hat es in der ganzen Menschheitsgeschichte nicht gegeben – und Ihnen gehört es – umsonst.

Sie müssen dieses Geschenk noch annehmen. Dann ist Ihre Seele in guten Händen und Ihre Rettung sicher. Ihr Name steht im Buch des Lebens, und Sie sind nur noch ein paar Körner in der Sanduhr von einem neuen Leben entfernt – ohne Tränen, ohne Sorgen und ohne Schmerz. Was brauchen Sie heute mehr an Gewissheit?

# 3. Dank für Tage voller Pech und Pannen

*Auszug aus dem Tagebuch eines Hundes:*
8.00 Uhr: Toll, Futter im Napf. *Das mag ich vielleicht!*
9.30 Uhr: Toll, mit dem Auto fahren. *Das mag ich vielleicht!*
9.40 Uhr: Toll, Gassi gehen. *Das mag ich vielleicht!*
10.30 Uhr: Toll, schon wieder Auto fahren. *Das mag ich vielleicht!*
11.30 Uhr: Toll, was im Napf gefunden. *Das mag ich vielleicht!*
12.00 Uhr: Toll, die Kinder kommen zum Spielen. *Das mag ich vielleicht!*
13.00 Uhr: Toll, im Garten toben. *Das mag ich vielleicht!*
16.00 Uhr: Toll, die Kinder werfen Stöckchen. *Das mag ich vielleicht!*
17.00 Uhr: Toll, Fleisch im Napf. *Das mag ich vielleicht!*
17.30 Uhr: Toll, Frauchen knuddelt mit mir. *Das mag ich vielleicht!*
18.00 Uhr: Toll, Herrchen spielt mit mir Ball. *Das mag ich vielleicht!*
20.30 Uhr: Toll, mit im Bett schlafen. *Das mag ich vielleicht!*

*Auszug aus dem Tagebuch einer Katze:*
Der 283. Tag meiner Gefangenschaft. Meine Herrschaft nervt mich mit dummen Spielzeugen: Ein Korken am Gummiband – und das soll eine Maus sein! Pah! Sie tafeln und haben frisches Fleisch auf dem Teller. Mich aber speisen sie mit Trockenfutter ab. Ich lebe nur noch von der Hoffnung auf Flucht und begnüge mich einstweilen mit der billigen Freude, ihnen ab und zu die Möbel zu zerkratzen. Morgen werde ich mich über einen Blumentopf hermachen. Bin heute Morgen meinem Herrn zwischen die Füße gesprungen. Hat nicht geklappt, ihn damit umzubringen. Vielleicht muss ich's mal auf der obersten Stufe der Treppe probieren. Sie wollen mich vielleicht loswerden, wenn ich ein paar Mal auf ihren wertvollen Sessel kotze – oder sollte ich ihr Bett nehmen? Die tote Maus mit dem abgebissenen Kopf auf dem Küchentisch hat es jedenfalls nicht gebracht. Sie haben mich dafür noch gestreichelt und gelobt. Ich sei doch ein „kluges Kätzchen". Letztens haben sie mich

## 3. Dank für Tage voller Pech und Pannen

sogar in der Kammer eingesperrt. Allergieauslösend sei ich, so hörte ich durch die Tür. Muss mal rauskriegen, was das heißt. Vielleicht kann ich es ja für meine Zwecke nutzen. Der Köter im Haus hat es gut. Mit dem gehen sie dauernd spazieren. Und dann kommt der Blödmann auch noch immer freiwillig mit nach Hause. Wahrscheinlich nicht ganz richtig im Kopf. Ich warte nur auf den richtigen Augenblick. Aber dann!

Ein Tag im Leben eines Hundes und ein Tag im Leben einer Katze. Der Hund ist im Reinen mit sich und der Welt. Die Katze aber fügt sich nur widerwillig in ihr Schicksal. Der eine lebt in Frieden, die andere im kontinuierlichen Kriegszustand. Er ist dankbar, sie durchweg nur schlecht gelaunt. Beide unter demselben Dach. Dieselben Lebensumstände. Dieselben Herren. Und doch zwei ganz unterschiedliche Einstellungen.

Welches der beiden Tagebücher entspräche eher Ihrem eigenen? Wie oft denken Sie: „Toll! *Das mag ich vielleicht!?*

„Toll, die Sonne scheint! *Das mag ich vielleicht!*"

„Toll, es gibt knusprige Brötchen! *Die mag ich vielleicht!*"

„Toll, ich habe noch ein bisschen Zeit im Stau! *Das mag ich vielleicht!*"

„Toll, wie beim Saugen die Krümel verschwinden! *Das mag ich vielleicht!*"

„Toll, dass nach der Wurzelbehandlung die Entzündung weggeht! *Das mag ich vielleicht!*

Gewiss, die Wurzelbehandlung ist in dieser Liste grenzwertig. Aber selbst dabei bestimmt unsere Einstellung die Atmosphäre. Wir können auch darin etwas Gutes entdecken. Darüber hinaus können wir bedenken, dass uns schon das Wichtigste an diesem Tag geschenkt wurde: Gottes Gnade! Das ist doch bereits ein guter Anfang, denn jeder Tag beginnt mit Vergebung und Annahme. Wenn wir wissen, dass Gott auf unserer Seite ist, dann kann die Dankbarkeit dafür schon so manchen überstrahlen. Aus einem Tag des Seufzens und Stöhnens wird ein Tag der Dankbarkeit.

Dankbarkeit erwächst aus der Gnade Gottes. Und wem Gnade zuteilwird, der müsste eigentlich gar nicht umhinkönnen, seine Dankbarkeit auch auszudrücken. Ein solches Verhalten ist so selbstverständlich, dass Jesus sich wunderte, als sie ausblieb, nachdem er zehn Aussätzige geheilt hatte.

## TEIL 1 – DEN TAG IN GOTTES GNADE TAUCHEN

„Auf dem Weg nach Jerusalem kamen Jesus und seine Jünger durch das Grenzgebiet zwischen Galiläa und Samarien. In einem Dorf begegneten ihnen zehn Aussätzige. Im vorgeschriebenen Abstand blieben sie stehen und riefen: ‚Jesus, Meister! Hab doch Erbarmen mit uns!'" (Lukas 17,11-13).

Aussätzige. Ein elendes Häuflein gebeugter Gestalten, die Gesichter hinter Tüchern schamhaft versteckt. Die Menschen wichen zurück, wenn sie auftauchten, denn jeder wusste, wie entsetzlich entstellt die Gesichter hinter den Tüchern waren: Hautfetzen an hohlen Wangen, an Nase und Stirn. Durch Geschwüre auf den Stimmbändern blieb nichts weiter als ein heiseres Krächzen. Muskeln und Sehnen schrumpften, bis sich die Hände zu Klauen verzogen. Diesen Gestalten ging man aus dem Weg.

Aber Christus hatte Mitleid mit ihnen. Während also die anderen einen weiten Bogen um die Kranken machten, trat er direkt auf sie zu. „Er sah sie an und forderte sie auf: ‚Geht zu den Priestern und zeigt ihnen, dass ihr geheilt seid!' Auf dem Weg dorthin wurden sie gesund" (Lukas 17,14).

Wären Sie bei diesem Wunder nicht gerne als Zuschauer dabei gewesen? Keine langwierige Therapie, keine Versorgung der Wunden, keine Medikamente. Lediglich ein Gebet den Kranken zugesprochen – und schon sind sie vollkommen geheilt. Die Sehnen entspannen sich und Klauen öffnen sich zu Händen. Die Wunden bedecken sich mit heiler Haut, und Blut pulsiert wieder dort, wo es zuvor keinen Durchlass mehr fand. Zwanzig Krücken fliegen durch die Luft und zehn Kapuzen werden vom Kopf gerissen. Zehn Männer, eben noch Elendsgestalten, springen umher.

Können Sie sich vorstellen, wie sich diese Männer gefühlt haben, die eben noch voller Geschwüre waren? Wenn Sie Christus bereits angenommen haben, werden Sie wissen, was es heißt, heil zu werden. Was Jesus für die Aussätzigen körperlich getan hat, das hat er Ihnen auf der geistlichen Ebene geschenkt.

Die Sünde macht uns alle zu Aussätzigen. Wir vegetieren geistlich. Und so schrieb Paulus an die Christen in Ephesus: „Aber wie sah euer Leben früher aus? Ihr wart Gott ungehorsam und wolltet von ihm nichts wissen. In seinen Augen wart ihr tot" (Epheser 2,1). Das Denken derer,

## 3. Dank für Tage voller Pech und Pannen

die Gott nicht kennen, so argumentierte Paulus weiter, „ist verkehrt und führt ins Leere, ihr Verstand ist verdunkelt. Sie wissen nicht, was es bedeutet, mit Gott zu leben, und ihre Herzen sind hart und gleichgültig" (Epheser 4,17-18).

Lässt sich der Zustand der Ungläubigen düsterer beschreiben?

In seinen Augen sind sie tot.

Ihr Denken ist verkehrt und führt ins Leere.

Ihr Verstand ist verdunkelt.

Sie wissen nicht, wie es ist, mit Gott zu leben.

Der Bericht eines Leichenbeschauers könnte kaum dramatischer ausfallen.

Aber das war noch nicht alles, was Paulus zu diesem Thema zu sagen hatte: „Ohne jede Hoffnung und ohne Gott habt ihr in dieser Welt gelebt" (Epheser 2,12). „Einst wart ihr der Gewalt der Sünde ausgeliefert" (Römer 7,5). Gefangen „von den Schlingen des Teufels" (2. Timotheus 2,26). Was Jesus damals mit den Aussätzigen unmittelbar vor Augen hatte, das sieht er auch, wenn er jedem einzelnen Sünder in die Seele schaut: abgrundtiefe Zerstörung und Verwahrlosung. Aber was er für die aussätzigen Männer damals getan hat, das tut er auch heute noch für jedes willige Herz. „Gottes Barmherzigkeit ist groß. Wegen unserer Sünden waren wir in Gottes Augen tot. Doch er hat uns so sehr geliebt, dass er uns mit Christus neues Leben schenkte. Denkt immer daran: Alles verdankt ihr allein der Gnade Gottes" (Epheser 2,4-5).

Jesus verschließt die entzündeten Wunden unserer Seele und sorgt dafür, dass wir die Glieder unseres inneren Wesens wieder frei bewegen können. Die Lumpen nimmt er uns ab, um uns mit Kleidern der Gerechtigkeit zu umhüllen. Er heilt noch immer – bis zu diesem Tag. Und noch immer freut er sich über Dankbarkeit von uns.

Einer von ihnen lief zu Jesus zurück, als er merkte, dass er geheilt war. Laut lobte er Gott. Er warf sich vor Jesus nieder und dankte ihm. Es war ein Mann aus Samarien. Und Jesus fragte: „Habe ich nicht zehn Männer geheilt? Wo sind denn die anderen neun? Weshalb kommt nur einer zurück, noch dazu ein Fremder, um sich bei Gott zu bedanken?" (Lukas 17,15-18).

## TEIL 1 – DEN TAG IN GOTTES GNADE TAUCHEN

Jesus wunderte sich. Nur ein Einziger kam zurück. Wo waren die anderen? Wir lernen etwas aus dieser Geschichte: Gott bemerkt ein dankbares Herz und freut sich darüber. Und warum? Schmeichelt es seinem Ego? Braucht er Lob für sein Selbstwertgefühl? Nein, *er* hat es nicht nötig. Aber *wir!* Dankbarkeit wendet unseren Blick von den Dingen weg, die wir zu vermissen glauben, die wir zu bemängeln haben; in unser Bewusstsein rücken all die Segnungen, die uns zuteil geworden sind. Nichts treibt die graue Winterstimmung so gründlich aus unserem Leben wie der Frühlingshauch heiterer Dankbarkeit.

Doch der Hang, nach dem Negativen zu schauen, ist stets eine Gefahr für die Dankbarkeit in unseren Herzen. Behalten Sie also die Segnungen Gottes im Blick und machen Sie es nicht wie der Golfcaddie von Scott Simpson.

Als Profigolfer trainiert Scott in Augusta. Es ist eine ganz außergewöhnlich schöne Anlage. Man betreibt einen riesigen Aufwand, um die Rasenflächen zu pflegen, und die Grasnarbe sieht aus, als sei sie mit der Nagelschere geschnitten. Beim Einstellungsgespräch seines neuen Caddies sagte Scott: „Sie werden kein einziges Unkräutchen finden, selbst wenn Sie sich eine Woche lang auf der Anlage aufhalten."

Sie können sich vorstellen, wie überrascht Scott war, als der Caddie nach fünf Tagen triumphierend verkündete: „Hier, ich habe Unkraut gefunden!"

Kommt Ihnen das bekannt vor? Machen wir es nicht genauso? Wir dürfen uns an einem Sommergarten der Gnade erfreuen. Überall blüht und sprosst Gottes Liebe. Es beschirmt uns seine Fürsorge, doch wir sind ständig auf Unkrautsuche! Wie viel Schönheit und Glück übersehen wir dabei! Wir nehmen es gar nicht mehr wahr. Wenn Sie lange genug suchen, werden Sie immer etwas finden, was Ihnen die Freude verdirbt. Hören Sie also auf, geradezu besessen nach den Unkräutern des Lebens zu suchen. Lassen Sie lieber ganz entspannt Ihren Blick schweifen über all die Gnadengeschenke Gottes. Sie sind es doch, die ein Leben in der Fülle verheißen.

Eine Idee: Führen Sie Buch über Gottes Geschenke. Katalogisieren Sie seine Segnungen. Sammeln Sie Gründe zur Dankbarkeit, und reden Sie darüber so oft es Ihnen möglich ist. „Freut euch zu jeder Zeit! Hört

## 3. Dank für Tage voller Pech und Pannen

niemals auf zu beten. Dankt Gott für alles. Denn das erwartet Gott von euch, weil ihr zu Jesus Christus gehört" (1. Thessalonicher 5,16-18).

Achten Sie einmal darauf, wie ganzheitlich und umfassend diese Aufforderungen gemeint sind: Freut euch *zu jeder Zeit!* Hört *niemals* auf zu beten! Dankt für *alles!*

Ja, nehmen Sie sich ein Beispiel an Sidney Connell. Als ihr nagelneues Kinderfahrrad gestohlen wurde, rief sie ihren Vater an und berichtete ihm, was geschehen war. Er rechnete fest damit, dass seine Tochter untröstlich sei, aber sie weinte noch nicht einmal. Im Gegenteil: Sie fühlte sich auch noch geehrt. „Papa", sagte sie stolz, „so viele Räder waren da, die sie hätten nehmen können. Aber denk mal, sie haben sich meins ausgesucht!"

Dankbarkeit ist immer eine Entscheidung. Der Theologe Matthew Henry machte eine ähnliche Erfahrung. Nachdem der Gelehrte von Räubern angehalten und seiner Börse beraubt worden war, schrieb er in sein Tagebuch: „Zuallererst möchte ich dankbar sein, nun erfahren zu haben, was es heißt, ausgeraubt zu werden. Des Weiteren: Sie haben zwar meine Börse genommen, nicht aber mein Leben. Drittens haben sie zwar alles genommen, aber es war nicht viel. Und der vierte Grund, um dankbar zu sein: Dadurch, dass ich das Opfer war, war ich nicht der Täter."

Machen Sie Dankbarkeit zu Ihrer Grundeinstellung, zu Ihrer Grundstimmung, und Sie werden feststellen, dass Sie in Zukunft auch für die Probleme und Herausforderungen in Ihrem Leben Dank empfinden können. So rät der Unternehmensberater Robert Updegraff:

Sie sollten für die Probleme am Arbeitsplatz dankbar sein, denn sie sind es, die Ihnen die Hälfte Ihres Einkommens sichern. Gäbe es nicht all die Dinge, die schiefgehen, die schwierigen Menschen, mit denen Sie umgehen müssen, und die Probleme, die dort ständig gelöst werden müssen, fände man bestimmt einen anderen, der Ihre Arbeit für die Hälfte Ihres Lohnes machen könnte. Sehen Sie also zu, noch mehr Probleme zu finden. Lernen Sie es, sie heiter gestimmt und mit Augenmaß zu lösen, sie eher als Gelegenheit und nicht als unliebsame Störung zu betrachten – und Sie werden staunen, wie schnell Sie vorankommen. Es warten

## TEIL 1 – DEN TAG IN GOTTES GNADE TAUCHEN

schließlich genug gut bezahlte Arbeitsplätze auf Menschen, die vor Schwierigkeiten nicht zurückschrecken.

Fehlt Ihnen ein bisschen Pep im Leben? Dann danken Sie doch Gott für jedes Problem, das sich Ihnen stellt. Sehen Sie es als Würze in der Suppe Ihres Lebens.

Die Ausrichter einer großen Frauenkonferenz konnten es jedenfalls so sehen. Die Präsidentin Mary Graham erzählte mir von einem Wochenende, an dem der Platzmangel im Veranstaltungssaal ein drängendes Problem wurde.

Es fehlten etwa 150 Sitzplätze. Die Saalverantwortlichen versuchten das Problem zu lösen, indem sie schmalere Stühle stellten. Nun konnten zwar alle sitzen, die angemeldet waren, aber es herrschte drangvolle Enge, und einige fühlten sich unwohl. Die ersten Klagen wurden laut, und eine steckte die anderen mit ihrer schlechten Laune an. Mary fragte Joni Eareckson Tada, die Rednerin des Abends, ob sie die Zuhörerinnen etwas beruhigen könne. Durch einen Badeunfall in ihrer Jugend ist Joni an den Rollstuhl gefesselt. Ein Helfer fuhr sie auf die Bühne, worauf sie sich an die Frauen in der Halle mit folgenden Worten wandte: „Ich verstehe sehr gut, dass sich einige von Ihnen ziemlich unwohl in den engen Stühlen fühlen. Mir geht es genauso. Aber viele tausend Rollstuhlfahrer würden augenblicklich mit Ihnen tauschen wollen, wenn sie könnten."

Das Gemurmel und Gemeckere verstummte sofort.

Auch Ihr Murren kann augenblicklich verstummen, wenn Sie sich bewusst werden, wie gut es Gott mit Ihnen meint – wie gnädig er eigentlich mit Ihnen umgeht. Vielleicht ist es wirklich gut, einmal Gottes gute Gabe aufzulisten.

Sie meinen, so viel kann das nicht sein? Sie werden es jedenfalls nie herausbekommen, wenn Sie nicht ganz genau hinsehen und jedem Tag eine neue Chance geben.

## Wie aus dem Tag noch etwas werden kann

Auch heute reden wieder verschiedene Stimmen auf Sie ein. Die negative versucht Ihr Herz mit Zweifeln, Bitterkeit und Ängsten zu füllen. Die positive weckt Zuversicht und will Ihnen Kraft geben. Es ist Ihre Entscheidung, auf welche Sie hören! Sie wissen ja: Sie haben die Wahl! „Alles menschliche Denken nehmen wir gefangen und unterstellen es Christus, weil wir ihm gehorchen wollen" (2. Korinther 10,5).

Lassen Sie eigentlich ausnahmslos jeden ins Haus, der bei Ihnen an der Tür klingelt? Wahrscheinlich nicht. Genauso sollten Sie auch nicht gleich jedem Gedanken Einlass gewähren, der bei Ihnen klingelt. Nehmen Sie jeden Gedanken gefangen und unterstellen Sie ihn Jesus. Sollte dies nicht funktionieren, dann denken Sie diesen Gedanken nicht weiter.

Negative Gedanken geben uns niemals Kraft zum Leben. Wie häufig ist es Ihnen schon gelungen, einen Stau mit Grollen und Murren aufzulösen? Bezahlt die Wehklage über die vielen Rechnungen auch nur eine davon? Was nützt es also, über Leid, Probleme und schwierige Aufgaben zu stöhnen?

„Achte auf deine Gedanken und Gefühle, denn sie beeinflussen dein ganzes Leben" (Sprüche 4,23).

# 4. Vergebung für Tage voller Bitterkeit

Jeder von uns sammelt irgendetwas: Fotos, Briefmarken oder Nippes. Auch Homer und Langley Collyer sammelten alles Mögliche: Zeitungen, Schrott, Kleidung, einfach alles.

Geboren wurden die Brüder im späten 19. Jahrhundert im damals aufstrebenden Manhattan. Sie wuchsen in einer luxuriös eingerichteten Stadtvilla auf. Homer wurde Diplomingenieur und Langley Rechtsanwalt. Das Leben meinte es wohl gut mit Familie Collyer.

Aber dann ließen sich die Eltern im Jahre 1909 scheiden. Die Söhne, inzwischen in den Zwanzigern, blieben bei der Mutter, während die Kriminalität in der Gegend mittlerweile überhand nahm. Das Viertel, in dem sie wohnten, verkam. Und die Brüder reagierten darauf, indem sie sich immer mehr von der Außenwelt zurückzogen. Nach dem Tod der Mutter schlossen sie sich im geerbten Elternhaus ein und verriegelten die Tür.

Beinahe zwanzig Jahre hörte und sah man so gut wie nichts mehr von ihnen. Erst 1947 beklagten sich einige Nachbarn über den üblen Geruch, der ihrem Haus entströmte. Der Verdacht lag nahe, dort Leichen zu finden. Sieben Polizisten brachen schließlich mit vereinten Kräften die Haustür auf. Sie mussten Stapel von Zeitungspapier überwinden und stolperten über zerbrochene Stühle, eine Nähmaschine, eine Weinpresse und anderen Schrott. Nachdem sie sich mehrere Stunden durch Berge von Müll gearbeitet hatten, fanden sie Homer. Er saß auf dem Boden, den Kopf zwischen den Knien und das Haar schulterlang – er war tot.

Aber wo war Langley? Eine Suchaktion im Viertel wurde eingeleitet, blieb aber ohne Ergebnis. Nach gut zwei Wochen, in denen tonnenweise Schrott und Abfall aus dem Haus entfernt wurden (Gasleuchter, Sägeböcke, größere Autoteile, einen alten Steinway-Flügel, den Unterkiefer eines Pferdes), fand man schließlich auch den zweiten toten Bruder. Der

Schrott, den sie gehortet hatten, war über ihm zusammengestürzt und hatte ihn erschlagen.

Grotesk, nicht wahr! Wie kann es jemand so viel bedeuten, im Abfall seiner Vergangenheit zu leben? Auf Sie trifft das bestimmt nicht zu! Oder?

Vielleicht nicht im Haus, aber womöglich im Herzen? Dort horten Sie keine Zeitungen oder Kartons, aber uralten Ärger und Kisten voll Groll. Hamstern Sie leidvolle Erlebnisse? Sammeln Sie Beleidigungen? Führen Sie Buch über jeden Affront?

Sehen Sie doch einmal nach, in den Winkeln Ihres Herzens. Vielleicht finden Sie ja doch ein paar gesammelte Kränkungen hier und ein paar Zurückweisungen dort. Porträts von Menschen, die Ihnen übel mitgespielt haben, zieren wie Steckbriefe die Wände.

Sie selbst sind natürlich das Unschuldslamm! Aber die anderen, ja die haben Ihnen übel mitgespielt, haben Zusagen gebrochen und Wunden geschlagen. So haben Sie manches durchmachen müssen. Aber wäre es nicht eine gute Idee, all diesen Müll zu entsorgen? Sie möchten doch eigentlich jedem Tag eine neue Chance geben. Und Jesus spricht: *Gib die Gnade, die du selbst empfangen hast, weiter.*

Denken Sie einmal über die Antwort nach, die Jesus Petrus gab: „Da fragte Petrus: ‚Herr, wie oft muss ich meinem Bruder vergeben, wenn er mir Unrecht tut? Ist siebenmal denn nicht genug?‘ – ‚Nein‘, antwortete Jesus. ‚Nicht nur siebenmal, sondern siebzig mal siebenmal‘" (Matthäus 18,21-22).

Jetzt fangen Sie vielleicht an zu rechnen und kommen auf 490. *Da kann ich mich ja mit Recht von meinem Mann trennen,* wenden Sie ein. *So oft habe ich ihm bestimmt schon vergeben. Da bin ich ja aus dem Schneider.*

Aber Jesus will von unserer kalkulierten errechneten Gnade nichts wissen und erzählt uns eine Geschichte – ein Drama in zwei Akten.

*Erster Akt: Gott vergibt auch dem, dem nicht mehr zu vergeben ist.*

„Man kann die neue Welt Gottes mit einem König vergleichen, der mit seinen Verwaltern abrechnen wollte. Zu ihnen gehörte ein Mann, der ihm einen Millionenbetrag schuldete. Aber er konnte diese Schuld nicht bezahlen. Deshalb wollte der König ihn, seine Frau, seine Kinder und seinen gesamten Besitz verkaufen lassen, um wenigstens einen Teil seines Geldes zu bekommen" (Matthäus 18,23-25).

Was für eine Schuld! Im Urtext, also dem Griechischen, ist von 10.000 Talenten die Rede. Damals waren das etwa 240.000 durchschnittliche Jahreslöhne.

Was für eine astronomische Summe also! Gewiss, Jesus erzählt hier ein Gleichnis, und vielleicht übertreibt er ein bisschen, um seine Aussage zu bekräftigen. Niemand wäre damals in der Lage gewesen, eine solche Schuldensumme überhaupt anzuhäufen. Aber will Jesus uns an dieser Stelle vielleicht auf die Schulden hinweisen, die wir bei Gott angehäuft haben? Unsere Schuld ist in Zahlen eigentlich nicht auszudrücken, aber wenn Sie bedenken, wie oft Sie an einem einzigen Tag den hohen Idealen des Himmels nicht entsprechen, dann ergibt sich im Laufe der Jahre ebenfalls eine astronomische Schuldensumme.

Aus eigener Kraft werden Sie diese Schulden niemals abarbeiten können. Sie schwimmen sozusagen im Meer Ihrer eigenen Schuld. Und da erzählt Jesus diese Geschichte. Wer ist der Schuldner darin? Das sind Sie und ich. Und wer ist der König? Der König ist Gott. Und nun lesen Sie, was der König tut:

„Aber er konnte diese Schuld nicht bezahlen. Deshalb wollte der König ihn, seine Frau, seine Kinder und seinen gesamten Besitz verkaufen lassen, um wenigstens einen Teil seines Geldes zu bekommen. Doch der Mann fiel vor dem König nieder und flehte ihn an: ‚Herr, hab noch etwas Geduld! Ich will ja alles bezahlen.‘ Da hatte der König Mitleid. Er gab ihn frei und erließ ihm seine Schulden" (Matthäus 18,25-27).

Gott erlässt die nicht zu beziffernden Schulden – die Sünden einer egoistischen Menschheit, die schon an einem einzigen Tag kolossal sind. „Was sich keiner verdienen kann, schenkt Gott in seiner Güte: Er nimmt uns an, weil Jesus Christus uns erlöst hat" (Römer 3,24).

Gott erlässt, was eigentlich nicht mehr erlassen werden kann. Bereits dieser Teil der Geschichte stimmt nachdenklich genug. Aber es ist ja

## 4. Vergebung für Tage voller Bitterkeit

nur der erste Akt. Der zweite mit der unerwarteten Wendung kommt noch.

*Zweiter Akt:*

> „Kaum war der Mann frei, ging er zu einem der anderen Verwalter, der ihm einen kleinen Betrag schuldete, packte ihn, würgte ihn und schrie: ‚Bezahl jetzt endlich deine Schulden!‘ Da fiel der andere vor ihm nieder und bettelte: ‚Hab noch etwas Geduld! Ich will ja alles bezahlen.‘ Aber der Verwalter wollte nicht warten und ließ ihn ins Gefängnis werfen, bis er alles bezahlt hätte" (Matthäus 18,28-30).

Das Verhalten dieses Mannes ist fast nicht nachvollziehbar. Der Erlass einer millionenschweren Schuldenlast sollte doch großzügig stimmen. Wem so viel vergeben worden ist, der müsste doch seinerseits eine Menge vergeben können. Aber dieser Mann tut es nicht. Er will nicht warten (Matthäus 18,30). Und er lehnt es rundweg ab, die Schulden des anderen zu erlassen. Er hätte es können, und er hätte es sollen. Wem vergeben worden ist, der sollte auch anderen gegenüber barmherzig sein. Aber ich frage mich, ob dieser Mann überhaupt begriffen hat, wie barmherzig der König eigentlich zu ihm war?

Dankbarkeit scheint in dieser Geschichte nicht vorzukommen. Auch wird in keinem Wort die Freude dessen erwähnt, dem die Schulden erlassen worden sind. Wie die neun Aussätzigen, die nicht zurückkamen, hat auch dieser Mann kein Wort des Dankes übrig. Die Wertschätzung für das, was er aus Liebe empfangen hat, fehlt. Ihm wurde ein neues Leben geschenkt, seine Familie wurde verschont und die hohe Strafe erlassen. Und er? Er dankt es dem König nicht. Und ist es nicht gerade dieses Schweigen, diese Undankbarkeit, die uns in diesem Gleichnis entgegenbrüllt?

„Wem aber wenig vergeben wird, der liebt auch wenig" (Lukas 7,47). Dieser Mann liebt offenbar wenig, denn er hat die angebotene Vergebung nicht wirklich in Besitz genommen, nicht wirklich verstanden.

Er ist ein Mann, der Geschenke zwar nach außen hin entgegennimmt, aber eigentlich innerlich zu stolz dafür ist. Zum Herzen dringt nichts

## Teil 1 – Den Tag in Gottes Gnade tauchen

vor. Und so redet er sich ein, wieder einmal Glück gehabt zu haben und davongekommen zu sein.

Und wer nicht wahrhaben will, sein Glück einem anderen zu verdanken – wer sich also nicht beschenkt fühlt –, der spürt auch nicht den Drang, andere zu beschenken. Der Mann, dem Schuld erlassen worden ist, erlässt seinerseits nichts. Er trägt das Zeichen des Unvergebenen – er weigert sich zu vergeben.

Als der König davon erfährt, gerät er außer sich:

> „Da ließ der König den Verwalter zu sich kommen und sagte: ‚Was bist du doch für ein hartherziger Mensch! Deine ganze Schuld habe ich dir erlassen, weil du mich darum gebeten hast. Hättest du da nicht auch mit meinem anderen Verwalter Erbarmen haben können, so wie ich mit dir?‘ Zornig übergab er ihn den Folterknechten. Sie sollten ihn erst dann wieder freilassen, wenn er alle seine Schulden zurückgezahlt hätte. Auf die gleiche Art wird mein Vater im Himmel euch behandeln, wenn ihr euch weigert, eurem Bruder wirklich zu vergeben" (Matthäus 18,32-35).

Der Vorhang fällt nach dem zweiten Akt, und es ist nun an uns, über den tieferen Sinn dieses Dramas nachzudenken. Ein Gedanke ist offensichtlich: *Wer Gnade empfängt und im Herzen annimmt, der verschenkt sie auch weiter.* Wem vergeben worden ist und wer dies zutiefst begreift, der vergibt auch anderen. Wer als Gefäß Gnade in Fülle in sich aufnimmt, bei dem fließt sie über. „Seht ihr denn nicht, dass Güte euch zur Umkehr bewegen will?" (Römer 2,4).

Ich muss da an die Frau denken, die vor ihrer Bekehrung zänkisch war und ständig etwas an ihrem Mann auszusetzen hatte. Als sie Christin wurde, änderte sich daran nichts. Sie war so unleidlich wie zuvor. Schließlich sagte ihr Mann: „Dass du wiedergeboren worden bist, ist ja schön und gut, schade ist nur, dass dir dein alter Charakter gefolgt ist."

Man fragt sich unwillkürlich, ob diese Frau tatsächlich eine Wiedergeburt erlebt hat. Immerhin wachsen an Apfelbäumen nun mal ausschließlich Äpfel und an Weizenhalmen wachsen Weizenkörner. Und Menschen,

## 4. Vergebung für Tage voller Bitterkeit

denen vergeben worden ist, bringen Vergebung hervor. Aus Gnade erwächst Gnade.

Wer aber das Geschenk der Vergebung nicht von Herzen annimmt, den erwartet ein trauriges Schicksal – ein Leben mit einer endlosen Reihe vergeudeter Tage voller Bitterkeit. „Zornig übergab er [der Herr] ihn den Folterknechten. Sie sollten ihn erst dann wieder freilassen, wenn er alle seine Schulden zurückgezahlt hätte" (Matthäus 18,34).

Horten Sie ruhig Verletzungen in Ihrem Herzen, aber wundern Sie sich dann nicht, dass dort die Atmosphäre eines sibirischen Arbeitslagers herrscht. Ein Freund berichtete von seiner Großmutter, die alles sammelte und aufbewahrte, was ihr in die Hände kam. Wie den Collyer-Brüdern gelang es ihr nicht, sich von irgendetwas zu trennen. Aber das Festhalten bedeutete für sie Verlust in zweierlei Hinsicht: Erstens litt sie an Schlaflosigkeit, weil sie wegen der gehorteten Sachen keine geeignete Schlafstätte mehr fand, und viele wahre Schätze, die sie besaß, waren inzwischen unter Bergen von Trödel vergraben – Schmuck, alte Fotografien und Bücher, die ihr einmal etwas bedeutet hatten. Nichts davon konnte sie finden.

Kein erholsamer Schlaf, und alles Wertvolle unzugänglich vergraben unter Bergen von Schutt. Hamstern Sie also ruhig Kränkungen und bittere Erlebnisse, aber seien Sie nicht überrascht, wenn es Ihnen genauso geht wie dieser Frau!

Die Alternative wäre, gründlich in Ihrem Herzen aufzuräumen, durchzufegen und dem kommenden Tag eine neue Chance zu geben.

„Lieber Herr Lucado, Sie haben ja keine Ahnung, wie tief ich verletzt worden bin!", wenden Sie jetzt vielleicht ein.

Doch, ich kann es mir vorstellen! Man hat Ihnen eine Menge geraubt: Ihre Unschuld, die Jugend, den ruhigen Lebensabend. Aber warum sollten Sie den Verlust durch Ihr Verhalten immer noch vergrößern? Ist Ihnen nicht schon genug abhandengekommen? Solange Sie sich weigern, den anderen zu vergeben, kann Ihnen auch das, was geblieben ist, noch genommen werden.

„Aber lieber Max Lucado, es war so außerordentlich gemein, was sie getan haben!"

Zweifellos! Aber Vergebung heißt nicht, etwas zu billigen. Sie sanktio-

35

## Teil 1 – Den Tag in Gottes Gnade tauchen

nieren damit kein Fehlverhalten, sondern überlassen es lediglich einem anderen, objektiv zu richten – nämlich Gott, „der ein gerechter Richter ist" (1. Petrus 2,23).

„Aber Max, der Groll sitzt schon so lange so tief."

Mag sein. Die innere Bereitschaft zur Vergebung muss sich auch nicht über Nacht bei Ihnen einstellen. Aber Sie können die ersten Schritte in die richtige Richtung tun – selbst wenn es nur Gänsefüßchen sind. Vergeben Sie also ruhig nach und nach. Vielleicht fangen Sie damit an, denjenigen, der Ihnen übel mitgespielt hat, fortan nicht mehr bösartig zu titulieren. Beten Sie stattdessen für ihn.

Nehmen Sie sich Anton Fisher zum Vorbild. Er hatte genug Gründe, mit einem gebrochenen Herzen zu leben. In den ersten dreißig Lebensjahren wusste er nichts von seinen leiblichen Eltern. Sein Vater war bereits vor seiner Geburt gestorben, und seine Mutter hatte ihn aus Gründen, die er lange Jahre zu erfahren hoffte, weggegeben. Und so wuchs er bei Adoptiveltern auf, misshandelt und vernachlässigt – und später verzweifelt auf der Suche nach wenigstens einem leiblichen Verwandten.

Den Namen seines Vaters hatte er inzwischen herausbekommen, und so machte er sich mithilfe des Telefonbuchs auf die Suche. Er rief jeden an, der seinen Familiennamen trug. Und sein Leben änderte sich schlagartig, als sich eine Tante am anderen Ende der Leitung meldete. Er nannte ihr sein Geburtsdatum und den Vornamen des Vaters. Dann berichtete er von der schlimmen Wendung, sie sein Leben genommen hatte, nachdem die Mutter ihn weggegeben hatte. Er war von seiner Adoptivmutter immer nur herumgestoßen worden, als junger Mann hatte er eine schlimme Zeit bei der Marine erlebt und nun verdiente er sich seinen Lebensunterhalt mehr schlecht als recht als Leibwächter.

Mit freundlicher Stimme entgegnete sie: „Eigentlich hast du eine große Familie." Und schon bald lud ihn eine andere Tante zum großen Familienfest ein.

Gemeinsam versuchte man, die verschollene Mutter und ihren Bruder ausfindig zu machen. Das gelang schließlich. Die Adresse des Onkels wurde gefunden, und er war bereit, seinen Neffen zu empfangen. Vor allem aber: Seine Mutter würde auch da sein!

## 4. Vergebung für Tage voller Bitterkeit

Auf der Hinfahrt übte Anton immer wieder jene Fragen auszusprechen, die ihn drei Jahrzehnte gequält hatten:

„Warum hast du nie nach mir gesucht?"

„Hast du dich manchmal gefragt, was aus mir geworden ist?"

„Hast du mich denn gar nicht vermisst?"

Aber Anton kam gar nicht dazu, diese Fragen zu stellen. Der Onkel öffnete ihm die Tür, und er betrat eine nur spärlich beleuchtete und armselig eingerichtete Wohnung. Da bemerkte er eine schmächtige Frau, die eigentlich zu alt schien, um seine Mutter zu sein. Ihr weißes Haar war wirr und ungekämmt, und sie trug nur ein Nachthemd.

Antons Onkel stellte ihn vor und sagte: „Das hier ist Anton Quenton Fisher." Die Mutter begriff, seufzte und hielt sich an einem Stuhl fest, um nicht zu Boden zu sinken. „O mein Gott!", hauchte sie und wandte sich vor Scham ab. Schluchzend verließ sie das Zimmer.

Anton erfuhr, dass seine Mutter alles versucht hatte, schnell wieder zu heiraten, um ihren Sohn versorgen zu können. Aber es wollte ihr nicht gelingen. Erst viel später heiratete sie wieder und bekam noch vier Kinder, die alle in staatlichen Heimen aufwuchsen. Durch eine Krankheit war es ihr nicht möglich zu arbeiten, und in ihrer Not wurde sie straffällig, sodass sie einige Jahre im Gefängnis verbrachte.

Als Anton begriff, was für ein schweres Leben seine Mutter hinter sich hatte, entschloss er sich, ihr zu vergeben.

Seine Worte: „Zwar war auch mein Lebensweg lang und schwer, aber ich begriff plötzlich, dass der meiner Mutter viel länger und schwerer gewesen war ... Wo früher die Kränkung darüber, dass ich verlassen worden war, den ganzen Raum in meinem Herzen eingenommen hatte, bestimmte nun Mitleid all mein Fühlen."

Und was lehrt uns diese Geschichte? Wir sind es letztlich selbst, die darüber bestimmen, was uns innerlich ausfüllt.

Mögen doch auch Sie sich für die Vergebung entscheiden!

## Wie aus dem Tag noch etwas werden kann

Gott hat auch für diesen Tag wieder etwas mit Ihnen vor: Er möchte, dass Sie Jesus noch ein Stück ähnlicher werden.

„Wen Gott nämlich auserwählt hat, der ist nach seinem Willen auch dazu bestimmt, seinem Sohn ähnlich zu werden" (Römer 8,29).

Ja, das ist Gottes ganzes Bestreben, darauf möchte er mit Ihnen zusammen hinarbeiten: Ihre Ähnlichkeit zu Jesus soll immer größer werden.

Jesus hatte ein reines Gewissen. Und Gott möchte, dass auch Sie ein reines Gewissen haben können.

Jesus hatte keine schlechten Angewohnheiten. Und Gott möchte, dass Sie Ihre ablegen.

Jesus verstand es, mit seiner Angst umzugehen, weil er wusste, dass ihm letztlich nichts gefährlich werden konnte. Und Gott möchte, dass auch Sie nicht in Ängsten leben, denn Sie dürfen dieselbe Gewissheit haben.

Jesus wusste zu unterscheiden zwischen Richtig und Falsch. Und Gott möchte, dass Sie die gleiche Gabe besitzen.

Jesus diente anderen und gab sein Leben für die Verlorenen. Und Gott möchte, dass auch Sie sich für andere einsetzen.

Gottes Wunsch ist, dass Sie Christus immer ähnlicher werden!

# TEIL 2

## DEN TAG MIT GOTTES WEITSICHT PLANEN

Es muss wohl in einem Zustand geistiger Umnachtung gewesen sein, dass ich mich darauf einließ, an einem Wettschwimmen teilzunehmen. Schließlich war es nicht irgendein Wettschwimmen im heimischen Swimmingpool, sondern es ging um gut zwei Kilometer im freien Ozean. Sechshundert Teilnehmer versammelten sich bei Sonnenaufgang am Strand, und der ein oder andere hoffte sogar auf eine Medaille. Ich hoffte, wenigstens gegen Mittag das Ziel zu erreichen. Die Strecke war mit sechs orangefarbenen Bojen markiert. Ein paar Mitschwimmer hatten mir vorher beim Training den Rat gegeben, es komme vor allem darauf an, in der Spur zu bleiben. Also sollte ich nach vier oder fünf Zügen den Kopf aus dem Wasser heben und mich orientieren. Das Dümmste sei, vom Kurs abzukommen und zusätzlich Strecke machen zu müssen.

Hörte sich einfach an, dennoch übte ich zu Hause im Pool. Aber der vom Wind gepeitschte Ozean unterschied sich doch deutlich davon. Die Spannung stieg bei uns Teilnehmern, als die Fahnen am Strand immer steifer im Wind standen und uns die Wellen nur so entgegenschlugen. In dieses Wellengebirge sollten wir uns wagen? Und zu allem Übel blies uns der Südwind entgegen. „Wird schon klappen", machte ich mir Mut. „Du schwimmst einfach von Boje zu Boje."

Von wegen – von Boje zu Boje! Keine Chance! Jedes Mal, wenn ich den Kopf aus dem Wasser hob und mich umsah, war nichts außer dem nächsten Wellenkamm zu sehen. Eine Katastrophe. Ich war mir sicher, wie ein Hamster im Kreis zu schwimmen.

Aber dann kam plötzlich Hilfe, wie aus dem Nichts. Etwa ein Dutzend Schwimmer kreuzten meine Bahn. Zuerst ärgerte ich mich, aber dann kam mir eine Idee: *Die kennen offenbar den Weg!* Und so schloss ich mich ihnen an. Das war doch viel einfacher. Nicht mehr krampfhaft nach Bojen Ausschau halten zu müssen, sondern einfach nur bei der Meute bleiben. So glitten wir unbekümmert wie Delfine durch das

## Teil 2 – Den Tag mit Gottes Weitsicht planen

Wasser, und jeder verließ sich auf den anderen.

Wie ich kurz darauf feststellen musste, waren wir so alle verlassen, denn plötzlich schlug ich an eins der Begleitboote an – und mit mir der ganze Tross.

„Hey, hey, wo wollt ihr denn hin, Leute?", fragte der Mann auf dem Boot, und ich sah mich nach längerer Zeit zum ersten Mal wieder um. Wir waren mindestens einen halben Kilometer vom Kurs abgekommen. Verdutzt schauten wir einander an. Niemand sagte etwas, aber wir dachten wohl alle das Gleiche: *Hey, ich dachte IHR wüsstet Bescheid!*

So viele Schwimmer konnten sich doch nicht alle gleichzeitig irren! Doch, das konnten sie!

Beschämt kehrten wir um und stiegen schließlich aus dem Wasser. Immerhin waren wir nicht die Letzen.

Kennen Sie auch solche Tage? Tage, an denen Sie plötzlich feststellen, dass Sie wieder einmal weit vom eigentlichen Kurs abgekommen sind? Aber dann schickt uns Gott sein Begleitboot, um uns wieder auf Kurs zu bringen! *Er* behält aus seiner erhabenen Position stets die Übersicht. *Er* weiß, wo die Bojen sind und das Ufer. Brauchen Sie Hilfe, um wieder auf Kurs zu kommen?

Dann lassen Sie sich von ihm den Weg zeigen, denn klug ist, wer sich die Richtung weisen lässt.

# 5. Frieden für Tage voller Angst und Sorgen

*Kann es überhaupt Vorteile bringen, sich Sorgen zu machen?* Diese Frage stellte ich mir, bevor ich dieses Kapitel zu schreiben begann. Folglich unternahm ich ein Selbstexperiment. Ich wollte eine Liste erstellen mit folgender Überschrift: Die Vorteile des Sorgenmachens. Also griff ich zur Zeitung – es war der 11. April – und analysierte, was darin geeignet war, Gutes zu bewirken oder eher Magengeschwüre zu produzieren. Ich las von einem Krieg am anderen Ende der Welt, von Streit über die Entscheidungen des Präsidenten und über seine Strategie. Ein hoher Militär wurde von Politikern zum Rücktritt gedrängt, und irgendwo in Asien war eine Militärbasis angegriffen worden.

Aber nicht nur in der weiten Welt gab es Katastrophen. Selbst im Lokalteil Berichte in Hülle und Fülle über Schicksalsschläge und kommunalpolitische Fehlleistungen.

Was für deprimierende Meldungen! Krieg, Bombenanschläge, Herzattacken, Autounfälle und vergeudete Steuergelder. Zum Händeringen. So kam ich nicht wirklich weit. Also zurück zu unserer Liste, wie wäre es mit folgender These: *Sich sorgen ist gesundheitsfördernd.* Weniger Schlaf, und schon lebt man länger? Ein nervöser Magen ist ein glücklicher Magen?

Nein, eigentlich eher nicht! Viele Krankheiten sind nach den Erkenntnissen der Medizin auf Sorgen zurückzuführen: Herzbeschwerden, hoher Blutdruck, Rheuma, Magengeschwüre, Infekte, Fehlfunktionen der Schilddrüse, Migräne, Erblindung und die unterschiedlichsten Verdauungsprobleme. Sorgen machen tatsächlich krank.

*Sorgen machen Spaß.* Tatsächlich hat man manchmal den Eindruck, die Sorgen wären die Highlights eines Tages. Mindestens jeden Tag eine, sonst ist der Tag zu langweilig.

Montag: Kontoauszüge prüfen. Endlich wieder Geldsorgen!

Dienstag: Im Terminkalender die kommenden Tage schon mal sichten. Das werde ich wohl kaum alles schaffen!

## TEIL 2 – DEN TAG MIT GOTTES WEITSICHT PLANEN

Mittwoch: Im ärztlichen Ratgeber nachschlagen. Welche Krankheit könnte hinter den Bauchschmerzen stecken?

Donnerstag: Wirtschaftsteil in der Zeitung studieren. Unsre Firma könnte schon nächstes Jahr pleite sein.

Freitag: Fernsehmagazin ansehen. Unglaublich, auf wie viele Arten man im Flugzeug umkommen kann!

Samstag: Beim Verkehrsunfall auf der Straße gaffen. Wann bin ich statistisch der Nächste?

Sonntag: Nach dem Gottesdienst. Was könnten die Leute wieder an mir auszusetzen gehabt haben?

So denken Sie nicht? Es macht Ihnen keinen Spaß, Ihre Sorgen zu pflegen? Sollte ich mich so getäuscht haben? Sorgen und Ängste machen dasselbe mit der Lebensfreude, was ein Staubsauger mit dem Staub macht. Also achten Sie darauf, dass Sie den Schalter nicht drücken und die Sorgen Ihre Freude wegsaugen.

Nein, im Ernst. Natürlich hat Angst grundsätzlich auch positive Aspekte. Auch wenn sie krank macht und uns die Lebensfreude stiehlt – ist sie trotzdem nicht manchmal zumindest nützlich? Dadurch, dass wir uns sorgen, nehmen wir zunächst einmal Probleme wahr. Aber mit dem Wahrnehmen ist es meist nicht getan. Schwierigkeiten lösen sich trotzdem nicht in Luft auf.

Ich habe gerade Zeitungsschlagzeilen erwähnt: Krieg im Fernen Osten, politische Sabotage, Probleme in den Städten, Herzattacken und Autounfälle. Ich schrieb, es sei die Zeitung vom 11. April gewesen. Aber das Jahr habe ich nicht genannt – 1956. Es ging damals um den Koreakrieg. Der mit Entlassung bedrohte hohe Offizier war Douglas MacArthur. Und die Herzattacken von damals sind heute kein Thema mehr. Trotzdem haben sie damals unsere Eltern und Großeltern in Sorge versetzt.

Doch haben alle diese Sorgen auch nur eins dieser schlimmen Ereignisse verhindert? Und heute ist es genauso, wenn wir die Zeitung aufschlagen. Das macht deutlich: Sorgen lösen keine Probleme. Sie ruinieren nur die Gesundheit, rauben Lebensfreude und verändern nichts zum Guten.

Die Erfahrung lehrt jedoch, dass unsere Tage eigentlich gar keine Chance

## 5. Frieden für Tage voller Angst und Sorgen

gegen die Angreifer aus dem Land der Ängste haben. Aber Christus rüstet uns mit einer „Sorgen-Panzerfaust" aus. Wie sollen wir doch beten? „Unser tägliches Brot gib uns heute" (Lukas 11,3).

Dieser schlichte Satz offenbart Gottes Vorsorge und Fürsorge: Lebe deine Tage – einen nach dem anderen. Auch Mose und die Israeliten lernten diese Strategie Gottes in der Wüste kennen. Der Himmel wusste, wie nötig sie diese Gelassenheit brauchten. Die befreiten Sklaven kultivierten ihre Ängste geradezu. Dabei hatten sie so viel Gutes erlebt. Sie waren Zeugen der zehn Plagen geworden, waren trockenen Fußes durchs Schilfmeer spaziert und hatten mit angesehen, wie die Ägypter ertranken. Sie hatten ein Wunder nach dem anderen erlebt, und trotzdem machten sie sich Sorgen: „Bald fingen die Israeliten wieder an, sich bei Mose und Aaron zu beschweren. Sie stöhnten: ,Ach, hätte der Herr uns doch in Ägypten sterben lassen! Dort hatten wir wenigstens Fleisch zu essen und genug Brot, um satt zu werden. Ihr habt uns doch nur in diese Wüste gebracht, damit wir alle verhungern!'" (2. Mose 16,2-3).

Moment mal! Ist das das Volk, das von den Ägyptern geknechtet und zur Fronarbeit gezwungen worden war? Waren das die Hebräer, die zu Gott geschrien hatten, er möge sie erlösen? Und kaum sind sie einen Monat in Freiheit, tun sie so, als sei Ägypten das Paradies gewesen. Sie haben alles vergessen. Die Wunder, die sie gesehen haben, und das Elend – alles vergessen.

Aber Gott, der unsere Gedächtnislücken immer wieder gnädig ausfüllt, hilft uns, dass wir uns erinnern: „Da sprach der Herr zu Mose: ,Ich lasse Brot vom Himmel für euch regnen! Die Israeliten sollen morgens losgehen und so viel einsammeln, wie sie für den Tag brauchen, mehr nicht. Denn ich will sie auf die Probe stellen und herausfinden, ob sie mir gehorchen. Wenn sie am sechsten Tag die eingesammelte Nahrung zubereiten, werden sie entdecken, dass es doppelt so viel ist wie sonst'" (2. Mose 16,4-5).

Beachten Sie die Details in Gottes Vorsorge und Fürsorge.

*Er sorgt täglich für tägliche Bedürfnisse.* Jeden Abend lagen die Wachteln übers Land verstreut. Und am Morgen schien weiß wie Reif das Manna auf den Bäumen. Fleisch fürs Abendessen und Brot zum Frühstück. Die Nahrung fiel Tag für Tag buchstäblich vom Himmel. Nicht einmal im

## TEIL 2 – DEN TAG MIT GOTTES WEITSICHT PLANEN

Jahr, nicht einmal im Monat oder jede Stunde. Nein, täglich! Aber wir können noch mehr daraus lernen:

*Selbst für die täglichen Belange lässt Gott Wunder geschehen.* Als die Israeliten zum ersten Mal diese weißen, essbaren Körner entdeckten, „fragten sie sich: ‚Was ist das bloß?' Nie zuvor hatten sie so etwas gesehen" (2. Mose 16,15).

*Man-hu* nannten die Israeliten die weißen Körner (hebräisch für: Was ist das?). Gott verfügte über Ressourcen, die außerhalb ihrer Vorstellungskraft lagen, Lösungen jenseits aller Realität und Mittel zur Vorsorge, die alles Menschenmögliche übertrafen. Sie selbst sahen nur die von der Sonne verbrannte Erde, Gott aber machte einen gefüllten Brotkorb daraus. Sie blickten in einen leeren Himmel, er aber sah schon die Wachteln hinter jedem Busch. Sie sahen Probleme, Gott sah Lösungen.

Die Ängste ziehen sich zurück, je mehr wir uns der Güte Gottes in unserem Leben erinnern!

Als meine Töchter noch keine zehn waren – zwei, fünf und sieben –, habe ich sie mit einem kleinen „Wunder" ganz schön überrascht. Ich erzählte ihnen zunächst die Geschichte von Mose und dem Manna und lud sie ein, mit mir eine Wüstenwanderung durchs ganze Haus zu machen.

„Wer weiß", meinte ich, „vielleicht fällt ja wieder Manna vom Himmel."

Wir wickelten uns Laken um, zogen Sandalen an und schleppten uns durch die Zimmer, wobei wir taten, als knurre uns der Magen. Bald fingen die Mädchen auf meine Anweisung hin an, sich bei ihrem Mose zu beschweren, dass sie Hunger hätten, und sie verlangten von mir, nach Ägypten zurückgeführt zu werden – wenigstens jedoch in die Küche. Sobald wir mein Arbeitszimmer erreicht hatten, feuerte ich sie an, noch lauter zu murren und nach Essen zu betteln.

„Passt auf, jeden Augenblick könnte Manna vom Himmel fallen", rief ich.

Sara, die Zweijährige, sah tatsächlich erwartungsvoll nach oben, während die beiden Älteren doch eher skeptisch dreinblickten. Wie sollte in Papas Büro auch schon Manna vom Himmel fallen! Pah! Sie zweifelten wie die Hebräer damals: „Wie kann Gott uns in der Wüste ernähren?"

## 5. Frieden für Tage voller Angst und Sorgen

Fragen Sie sich das auch? Vielleicht haben Sie vor Augen, was morgen von Ihnen verlangt wird und welche Rechnungen nächste Woche ins Haus flattern. Sie fragen sich sorgenvoll, womit all die leeren Spalten in Ihrem Terminkalender eines Tages ausgefüllt sein werden. Ihr Blick in die Zukunft ist so trostlos und sorgenvoll wie ein Rundblick in der Wüste Sinai. Wie werde ich meistern, was mich morgen erwartet? Und Gott sagt zu Ihnen, was ich meinen Töchtern zurief: „Seht mal nach oben!"

Und als meine Töchter es taten – fiel tatsächlich „Manna" von oben! Nicht echtes Manna, aber Vanillewaffeln segelten von der Decke und landeten auf dem Teppich. Sara quiekte vor Vergnügen und stopfte sich die erste Waffel in den Mund. Jenna und Andrea waren schon alt genug, dass sie zuvor nach einer Erklärung verlangten.

Meine Antwort war ganz simpel. Ich kannte mich in unserem Haus gut aus, und ich hatte vorausgesehen, dass wir auch dieses Zimmer einnehmen würden. Vanillewaffeln lassen sich problemlos auf den Flügeln unseres Deckenventilators platzieren. Ich hatte sie dort in weiser Voraussicht versteckt. Als die Mädchen murrten und seufzten, betätigte ich den Schalter.

Gottes Antwort auf das Murren der Israeliten war genauso einfach. Er hatte vorausgesehen, welches Land sie durchqueren würden. Und wusste er nicht schon im Voraus, dass sie Hunger leiden würden? Natürlich! Und so schüttete er zum rechten Zeitpunkt den himmlischen Brotkorb über ihnen aus.

Und wie steht es mit Ihnen? Gott weiß, was Sie brauchen und in welcher Lebenssituation Sie sich befinden. Und ich wette, er hat längst die Vanillewaffeln dort versteckt, wo Sie morgen vorbeikommen werden. Vertrauen Sie ihm. „Sorgt euch vor allem um Gottes neue Welt, und lebt nach Gottes Willen! Dann wird er euch mit allem anderen versorgen. Deshalb sorgt euch nicht um morgen – der nächste Tag wird für sich selber sorgen! Es ist doch genug, wenn jeder Tag seine eigenen Lasten hat" (Matthäus 6,33-34).

Das griechische Wort für Sorge (*mérimna*) setzt sich aus den beiden Wörtern *meridzo* (spalten) und *nó-os* (Verstand) zusammen. Sorge spaltet also den Verstand, spaltet unser Denken in heute und morgen. Dagegen hat der Tag heute wenig Chancen zu bestehen. Wer sich um das

## TEIL 2 – DEN TAG MIT GOTTES WEITSICHT PLANEN

Morgen sorgt, vergeudet Kraft, die er für das Heute braucht, und so fehlt die Energie, sich den aktuellen Anforderungen zu stellen.

Die Sorge lässt kleine Probleme große Schatten werfen. Der französische Schriftsteller und Philosoph Michel de Montaigne hat einmal geschrieben: „Mein Leben ist voller Angst und Schrecken gewesen, wovon das meiste nie eingetreten ist." Sorge vergeudet Lebenskraft, macht die Seele krank, und, was besonders traurig ist, sie beleidigt unseren Gott.

In der Bibel heißt es: „Wer Gott liebt, dem dient alles, was geschieht, zum Guten" (Römer 8,28).

Die Sorge aber sieht Katastrophen voraus und seufzt: „Es muss ja schlimm enden!"

Gottes Wort sagt: „Es ist einfach großartig, was Gott tut!" (Markus 7,37).

Die Sorge aber widerspricht: „Schau dich um, die Welt ist aus den Fugen geraten."

In Gottes Wort heißt es: „Die Zeit dafür bestimmt Gott selbst, der einzige und allmächtige Gott" (1. Timotheus 6,15).

Doch die Sorge zweifelt, ob überhaupt noch jemand die Fäden in der Hand hält.

Gottes Wort verkündet: „Aus seinem Reichtum wird euch Gott, dem ich gehöre, durch Jesus Christus alles geben, was ihr zum Leben braucht" (Philipper 4,19).

Die Sorge aber lügt und flüstert uns ins Ohr: „Gott interessiert nicht, was du brauchst."

Gottes Wort argumentiert: „Wenn schon ihr hartherzigen Menschen euren Kindern Gutes gebt, wie viel mehr wird euer Vater im Himmel denen Gutes schenken, die ihn darum bitten" (Matthäus 7,11).

Doch die Sorge widerspricht: „Von wegen *Vater im Himmel!* Du bist allein und nur auf dich gestellt. Du gegen den Rest der Welt."

Die Sorge führt ständig Krieg gegen Ihren Glauben. Und Sie wissen es aus Erfahrung. Eigentlich lehnen Sie es ab, sich Sorgen zu machen, aber Sie können es einfach nicht lassen. Deshalb sollten Sie sich diese drei Sorgenkiller merken:

*Beten Sie mehr.* Man kann nicht gleichzeitig beten und sich sorgen. Wenn wir dabei sind, uns Sorgen zu machen, dann beten wir auch nicht.

## 5. Frieden für Tage voller Angst und Sorgen

Und wenn wir mit unserem himmlischen Vater im Zwiegespräch sind, dann fallen die Sorgen von uns ab. „Herr, du gibst Frieden dem, der sich fest an dich hält und dir allein vertraut" (Jesaja 26,3).

Wenn Sie also beten, „halten Sie sich fest" an Jesus, und das bedeutet, dass Sie sich ganz geborgen fühlen. Beugen Sie also Ihre Knie und verbannen Sie alle Ängste aus Ihrem Leben.

*Reduzieren Sie Ihre Wünsche.* Es sind oft nicht so sehr unsere Grundbedürfnisse, die Angst auslösen, sondern all das, was wir glauben, darüber hinaus haben zu müssen. Charles Spurgeon hat es vor mehr als hundert Jahren einmal folgendermaßen ausgedrückt:

Genug für einen Tag ist genug, über mehr können wir uns nicht freuen. Wir können nicht mehr essen, trinken oder auf dem Leib tragen, wenn es genug war. Jeder Überfluss zwingt uns dazu, dafür Sorge zu tragen, ihn zu verwahren und ängstlich zu hoffen, dass niemand kommt, ihn zu stehlen. Ein einziger Wanderstab ist dem Reisenden eine Stütze, ein ganzes Bündel aber wird zur Last. Genug haben ist Anlass zum Feiern, nur die Gier verlangt darüber hinaus. Genug haben ist alles, was wir erwarten sollten, denn das Verlangen nach mehr ist Undankbarkeit. Wenn dein Vater im Himmel dir nicht mehr gibt, dann sei zufrieden mit dem, was er dir heute zuteilt.

„Freut euch Tag für Tag, dass ihr zum Herrn gehört. Und noch einmal will ich es sagen: Freut euch" (Philipper 4,4). Wenn Gott alles ist, was Sie brauchen, dann werden Sie immer genug haben, denn Gott ist immer da.

*Leben Sie im Heute.* Der Himmel stellt noch heute sein Manna her, und hinter den Büschen verbergen sich noch immer die Wachteln – als Vorsorge für den einzelnen Tag. Opfern Sie ihn also nicht auf dem Altar der Zukunftsangst. „Leben Sie immer nur für die Stunde und die ihr zugewiesenen Aufgaben ... Und widmen Sie sich mit allem Ernst den Pflichten, die heute anliegen ... Unsere Pflicht besteht nicht darin, ,zu tun, was sich in ferner Zukunft abzeichnet, sondern was heute auf der Hand liegt.'"

Ich möchte Ihnen ans Herz legen, nach dem Rat dieses Zitates zu

## TEIL 2 – DEN TAG MIT GOTTES WEITSICHT PLANEN

handeln, denn „Er tritt für uns ein, daher dürfen wir mit Zuversicht und ohne Angst zu Gott kommen. Er wird uns seine Barmherzigkeit und Gnade zuwenden, wenn wir seine Hilfe brauchen" (Hebräer 4,16).

Freunde von mir erlebten auf einer Reise nach Natal in Brasilien, wie perfekt Gottes Zeitmanagement sein kann. Sie sollten ein Seminar in einer Gemeinde halten, deren Kapelle nur fünf Minuten von einer gewaltigen Brücke entfernt lag, und diese Brücke war dafür berüchtigt, dass sie immer wieder Menschen anzog, die sich das Leben nehmen wollten. Es waren inzwischen so viele Lebensmüde, die von der Brücke in den Tod gesprungen waren, dass man in der Gemeinde eine Gebetskette speziell für dieses Problem eingerichtet hatte. Und diese Gebete wurden ganz konkret erhört, denn meine Freunde gingen gerade in dem Augenblick über die Brücke, als eine Frau im Begriff war, in die Tiefe zu springen. Sie hatte das Geländer schon fast überwunden – den Tod vor Augen. Mit viel Geduld und Überredungskunst gelang es meinen Freunden, die Frau zur Aufgabe zu bewegen und ihr Leben zu retten.

Bemerkenswert daran ist, dass ursprünglich gar nicht geplant war, zu diesem Zeitpunkt auf der Brücke zu sein. Die Freunde hatten auswärts in einem Restaurant gegessen und wollten zum Nachmittagsvortrag wieder in der Gemeinde sein. Aber die Person, die sie mit dem Auto abholen sollte, kam nicht pünktlich, und so entschlossen sie sich, zu Fuß zu gehen. Ihr Gastgeber kam zwar zu spät, aber Gott war rechtzeitig zur Stelle.

Ist er das nicht letztlich immer? Er ist mit seiner Hilfe zur Stelle, sobald wir sie wirklich brauchen. Wir wissen nicht, was morgen nötig sein wird, um mögliche Probleme zu lösen, aber wir werden rechtzeitig eingeweiht. Was hier und heute zur Verfügung steht, das ist das Manna am Morgen und es sind die Wachteln am Abend – unserer tägliches Brot im weitesten Sinne. Gott stillt tägliche Bedürfnisse täglich, und so manches Mal auf wunderbare Weise. Das hat er damals getan, das tut er heute und wird er auch in Zukunft tun – für Sie und mich.

## Wie aus dem Tag noch etwas werden kann

Ein Triathlet hat mir einmal das Geheimnis seines Erfolges verraten. „Man steht die längste Laufstrecke durch, wenn man sich gänzlich auf kurze Etappen konzentriert." Schwimmen Sie also nicht vier Kilometer, sondern immer nur bis zur nächsten Boje. Statt mit dem Rad 100 Kilometer zu fahren, nehmen Sie sich 10 vor und dann wieder 10. Beschäftigen Sie sich immer nur mit der Herausforderung, die unmittelbar vor Ihnen liegt.

Rät Jesus nicht das Gleiche? Er sagt: „Deshalb sorgt euch nicht um morgen – der nächste Tag wird für sich selber sorgen! Es ist doch genug, wenn jeder Tag seine eigenen Lasten hat" (Matthäus 6,34).

Als man Joel Henderson, einen bekannten Autor, fragte, wie er es schaffe, so viele Bücher zu schreiben, antwortete er, dass er noch kein einziges Buch geschrieben habe. Es entstehe immer nur eine Seite pro Tag.

Stellen Sie sich also Herausforderungen in Etappen. Sie haben sich und Ihr Leben nie lange im Griff. Aber eine Stunde schaffen Sie es vielleicht. Der Diplomabschluss mag unerreichbar scheinen, aber ein Semester studieren, das trauen Sie sich schon eher zu. Und eine Woche weg von zu Hause, das ist auch durchzuhalten. Sie schaffen den Marathonlauf, indem Sie einen Kilometer laufen und dann noch einen und dann noch einen.

# 6. Hoffnung für Tage voller Hindernisse

Vanderlei de Lima ist nur eine halbe Portion, wie man so sagt. Mit seinen 1,60 m ist er gerade so groß wie ein Fünftklässler. Und mit 54 Kilo müssten ihm die Airlines wegen Untergewichts einen Sonderrabatt einräumen. Aber lassen Sie sich von der äußerlichen Erscheinung de Limas nicht täuschen. Er mag zwar vom Körperbau her unscheinbar, ja beinah bemitleidenswert wirken, aber sein Herz ist dafür umso größer. Das hat er 2004 bewiesen, als er im Olympiastadion von Athen die Bronzemedaille im Marathonlauf entgegennehmen konnte.

Eigentlich hätte er auch Gold erreichen können. Aber ein paar Kilometer vor dem Ziel belästigte ihn ein Zuschauer. Ein geistesgestörter Ire, der bereits im Gefängnis gesessen hatte, weil er beim Pferderennen in England in den Parcours gelaufen war, rempelte de Lima an, sodass der vom Kurs abkam und in die Zuschauermenge geriet. De Lima fing sich trotz der ersten Verwirrung schnell und nahm den Lauf wieder auf. Doch er hatte seinen Rhythmus verloren, was ihn wertvolle Sekunden und die Spitzenposition kostete.

Trotzdem ließ er sich den Spaß an der Sache nicht verderben. Der kleine Brasilianer mit dem großen Herzen freute sich wie ein Kind, als er ins große Stadion einlief, die Arme ausbreitete und wie ein Flugzeug segelnd dem Ziel entgegenstrebte.

Später, als ihm der Lorbeerkranz aufgesetzt wurde, erklärte er mit strahlender Miene und überschwänglicher Freude: „Es ist ein so feierlicher Augenblick. Ein einzigartiger Moment. Und die meisten Sportler erleben ihn nicht."

Richtig, aber auch nur wenige Sportler werden so dreist aus der Bahn geworfen.

Vanderlei de Lima fand kein böses Wort für die Tat, sondern erklärte: „Der olympische Geist hat wieder einmal gewonnen ... Immerhin ist es mir gelungen, für mich und mein Land eine Medaille zu holen."

## 6. Hoffnung für Tage voller Hindernisse

Ich werde weiterverfolgen, was aus diesem jungen Mann noch wird. Und ich habe mich gefragt, wie er wohl zu dieser Lebenseinstellung gekommen ist.

Aber nicht nur beim Marathon warten die Störer am Straßenrand und werfen uns aus der Bahn. Fragen Sie einmal, wie sich Kinder fühlen, die am Grab ihrer Mutter stehen, oder Patienten, die auf eine Chemotherapie warten. Vielleicht ist es auch der Partner, der auszieht, oder der Soldat, der ohne Bein aus dem Krieg heimkehrt. Eltern läuft die Tochter weg, oder ein Hurrikan nimmt alles Hab und Gut. Wie schnell laufen wir weiter nach einer solchen Katastrophe?

Um das Thema noch etwas zu vertiefen, wollen wir uns mit einem anderen Läufer beschäftigen. Blicken wir durchs vergitterte Fenster seines römischen Kerkers. Sehen wir den Gefangenen in Ketten vor uns? Ein gealterter, gebeugter Mann. Es ist Paulus, der Apostel. Er ist ständig angekettet, und die Wächter weichen nicht von seiner Seite. Er stellt sich wahrscheinlich die bange Frage, ob er je wieder auf freien Fuß gesetzt wird.

Auch er ist aus der Bahn geworfen worden. Es begann vor ein paar Jahren in Jerusalem. Obgleich er zwischen den religiösen Gruppen Frieden stiften wollte, klagten ihn die frommen Machthaber der Gotteslästerung an. Fast hätten sie ihn getötet. Aber schließlich legten sie ihn ohne jede Rechtsgrundlage in Ketten. Sie beschmutzten seinen Namen, nahmen ihm alle Rechte und durchkreuzten seine Pläne.

Nur die Tatsache, dass er Bürger Roms war, bewahrte ihn vor der sofortigen Vollstreckung der Todesstrafe. Er berief sich zumindest auf das Recht, in Rom angehört zu werden. Und deshalb brachte man ihn auf ein Schiff, das ihn in die Hauptstadt bringen sollte. Es wurde in der Tat keine Mittelmeerkreuzfahrt. Paulus überlebte zwar einen Sturm und einen Schlangenbiss, trotzdem bedeutete es, dass sie auf einer Insel strandeten und dort mehrere Monate festsaßen. Als sie schließlich in Rom ankamen, wurde sein Prozess von der römischen Bürokratie noch zwei Jahre verschleppt.

Nun, da wir in seine Zelle blicken, sehen wir einen schon oft geschlagenen Mann, der verleumdet worden ist, eine Schiffskatastrophe hinter sich hat und von den Menschen gemieden wird.

## TEIL 2 – DEN TAG MIT GOTTES WEITSICHT PLANEN

Aber es tröstet ihn ja vielleicht der Gedanke an die Gemeinde, die einig hinter ihm steht und für die er so viel getan hat. Von wegen! Die Gemeinde steckt gerade in Schwierigkeiten. Aus seinem Kerker schreibt er an sie: „Zwar verkünden manche nur deswegen die Botschaft von Christus, weil sie neidisch sind und mir eine erfolgreiche Missionsarbeit nicht gönnen ... Die anderen aber reden von Jesus Christus nur aus Eigennutz. Sie meinen es nicht ehrlich und wollen mir noch zusätzlich Kummer bereiten" (Philipper 1,15+17).

Machthungrige Verkünder haben das Hirtenamt übernommen. Solch ein Verhalten würde man bei den Ungläubigen erwarten, aber christliche Predigt aus Eigennutz? Das sind Probleme, mit denen Paulus sich da auseinandersetzen muss, die normalerweise zu tiefer Verstimmung und Niedergeschlagenheit führen.

Darüber hinaus ist noch völlig ungewiss, was sich Kaiser Nero für ihn ausdenken wird, der viele Glaubensgenossen den Löwen im Kolosseum vorwirft. Kann Paulus sicher sein, dass ihm das Gleiche nicht auch widerfahren wird? Die Wortwahl in seinen Briefen aus dem Gefängnis belegt, dass er sich tatsächlich nicht sicher war. „Sei es durch mein Leben oder durch meinen Tod" (Philipper 1,20). „Denn Christus ist mein Leben und das Sterben für mich nur Gewinn" (Philipper 1,21). Paulus ist nicht naiv. Er weiß ganz genau, dass sein Leben davon abhängt, ob der launische Nero nickt oder nicht.

Paulus hat also wirklich gute Gründe, sich Sorgen zu machen.

Vielleicht hat man Ihnen im Leben auch schon oft übel mitgespielt und Sie sind dadurch aus dem Tritt geraten. Und nun sitzen Sie in Ihrem Gefängnis, dessen Wände aus den Ziegeln all Ihrer Schicksalsschläge und Katastrophen gemauert ist. Und die Kette, die Sie fesselt, das ist Ihr Selbstmitleid. „Was ist mir nicht alles angetan worden!" Eine berechtigte Klage zunächst, durchaus. Was Ihnen an Leid zugefügt wurde, ist eine Tatsache. Aber ob man alles immer wieder in Gedanken durchleben muss, das ist die Frage.

Paulus jedenfalls lässt sich nicht dazu verführen. Statt die Ziegel seiner Schicksalsschläge zu zählen, pflanzt er einen Garten der guten Gedanken in seiner Zelle. Er befasst sich nicht mehr mit der schlechten Behandlung, die er durch Menschen erfahren hat, sondern mit der Treue seines Gottes.

## 6. Hoffnung für Tage voller Hindernisse

„Meine lieben Brüder und Schwestern! Ihr sollt wissen ..." Mit diesen Worten leitet Paulus so manchen wichtigen Gedanken in seinen Briefen ein (Römer 1,13; 1. Korinther 11,3; 1. Thessalonicher 5,13). Damit hebt er hervor, was ihm besonders am Herzen liegt. Und im Philipperbrief sollen seine Leser wissen, „dass meine Gefangenschaft die Ausbreitung der rettenden Botschaft nicht hinderte" (Philipper 1,12).

Haben Sie auch schon erlebt, dass Sie heiser waren und kaum einen Ton herausbekamen und sich trotzdem insgesamt ganz wohl fühlten? Ihre Mitmenschen sind ganz besorgt, aber Sie können gerade noch flüstern: „Ich fühle mich sonst wohl! Es hört sich nur krank an."

So geht es Paulus. Jeder bemitleidet ihn, weil er so aus der Bahn geworfen zu sein scheint, und dennoch hat er sein Ziel nicht aus den Augen verloren! Warum ist er, obgleich er scheinbar aus der Spur geraten ist, immer noch auf dem richtigen Weg? Weil die Frohe Botschaft immer noch gepredigt wird. Seine Mission ist nicht zum Erliegen gekommen. „Allen meinen Bewachern hier und auch den übrigen Prozessteilnehmern ist inzwischen klar geworden, dass ich nur deswegen eingesperrt bin, weil ich an Christus glaube" (Philipper 1,13).

Wie lange mochte Paulus gebraucht haben, um all das zu begreifen? Wann hat er verstanden, dass seine Zelle nicht weniger geeignet war zum Predigen als so mancher Marktplatz? Er kam nämlich mit seinen Bewachern, die als Prätorianer Elitesoldaten waren, immer häufiger ins Gespräch.

Und seine Worte trafen bei dem ein oder anderen auf offene Ohren. Lesen Sie aus den Abschiedszeilen im Philipperbrief: „Auch alle anderen Christen hier grüßen euch, besonders die im kaiserlichen Dienst" (Philipper 4,22).

Der Mann mag wohl in Ketten liegen, aber die Botschaft tut es nicht. Aus dem Gefängnis wird ein Ort der Verkündigung, und das ist ihm gerade recht. Alles ist hinnehmbar, solange die Frohe Botschaft verkündigt wird.

Und auch jedes Motiv wird akzeptiert, solange Christus gepredigt wird. Wir lasen gerade über die Konflikte mit den Predigern in Rom. „Zwar verkünden manche nur deswegen die Botschaft von Christus, weil sie neidisch sind und mir eine erfolgreiche Missionsarbeit nicht gönnen ...

## TEIL 2 – DEN TAG MIT GOTTES WEITSICHT PLANEN

Die anderen aber reden von Jesus Christus nur aus Eigennutz. Sie meinen es nicht ehrlich und wollen mir noch zusätzlich Kummer bereiten" (Philipper 1,15+17).

Wer sind diese Prediger? Es sind die Nörgler und Unruhestifter, die man überall findet. Eigentlich müssten sie Paulus sehr viel Kopfzerbrechen machen, während er im Gefängnis sitzt und nichts tun kann.

Aber dem ist nicht so. Paulus macht sich keine unnötigen Gedanken ihretwegen. Nein, er ist sogar dankbar für sie. „Doch was macht das schon! Wichtig ist allein, dass die rettende Botschaft von Jesus Christus verbreitet wird; mag das nun mit Hintergedanken oder in ehrlicher Absicht geschehen" (Philipper 1,18).

Es gibt nicht viele Stellen in der Schrift, die derart pointiert zum Ausdruck bringen, welches Ausmaß Vertrauen in Gott annehmen kann. Paulus vertraut seinem Gott ohne Wenn und Aber. Er verlässt sich darauf, dass der Vater im Himmel die Übersicht behält und weiß, was er will. Warum soll er, Paulus, sich also darüber Gedanken machen, ob andere aus unedlen Motiven das Evangelium predigen? Ist Gott nicht immer stärker als diese? Der Schreiber bestimmt, was geschrieben wird, nicht die Feder oder der Griffel.

Und so kann Paulus selbst aus der dunklen und kalten Kerkerzelle Folgendes schreiben: „Darüber freue ich mich, und ich werde mich auch in Zukunft darüber freuen" (Philipper 1,18).

Ohne Rechtsgrundlage eingekerkert, misshandelt, mit ungewisser Zukunft – und dennoch freut sich dieser Mensch!

Aus der Bahn geworfen und dennoch nicht aus dem Rennen? Wie das? Die Gründe lassen sich in einem Wort zusammenfassen, alle Erklärungen in einem Entschluss verdichten:

Ich vertraue!

Paulus vertraut darauf, dass Gott die Übersicht behält. Er selbst weiß nicht, warum so manches Unglück geschah. Er kennt die Lösung nicht, aber er weiß, wer die Zügel in der Hand hält.

Zu wissen, wer das letzte Wort hat, nimmt die Spannung aus der oft unbeantwortet bleibenden Frage nach dem Wie und Warum. Diese Erfahrung hatte auch ein ungarischer Jude gemacht, dem ich in Jerusalem begegnete. Er war nicht der Typ Mensch, den man so ohne Weiteres anspricht. Er roch übel. Sein aschgrauer Bart reichte ihm bis zur Hüfte, und über sein verfilztes Haar trug er eine alte Strickmütze. Außerdem hatte er bereits einen Großteil seiner Zähne verloren. So manche Gemeinde hätte ihn womöglich vor die Tür gesetzt, anstatt ihn als Begrüßer an die Tür zu stellen. Aber in der Netivyah-Gemeinde nahm man ihn auf. Sie kannten seine Lebensgeschichte, und man erzählte sie gern bei passender Gelegenheit.

Als Hitler sich ganz Osteuropas bemächtigte und dort sein Unwesen trieb, wurde Joseph verhaftet und ins Konzentrationslager verschleppt. Auf dem langen Marsch dorthin sah er plötzlich bei einem toten Juden, der am Straßenrand lag, ein Buch aus dessen Tasche ragen. Schnell griff er unbemerkt zu, versteckte es und bemerkte erst später, dass es ein Neues Testament war. Es gelang ihm, den größten Teil davon zu lesen, bevor es entdeckt und ihm abgenommen wurde.

Nach mehreren Monaten unerträglichen Leides gelang ihm die Flucht, worauf er sich zwei Jahre lang in den Wäldern der Umgebung durchschlug. Eines Tages sorgten Hunger und Kälte dafür, dass sich sein Urteilsvermögen eintrübte, und er klopfte an die Tür eines Bauernhauses, um nach irgendetwas Essbarem zu fragen. Er hatte allerdings nicht damit gerechnet, dass die SS ausgerechnet dort Quartier bezogen hatte.

Der Nazioffizier, der die Tür öffnete, bemerkte sofort, dass Joseph ein entflohener Häftling war. Der Mann trat vor die Tür und schloss sie hinter sich. „Weißt du, wer ich bin?", fragte er.

Und Joseph stammelte: „Ich habe einen fürchterlichen Hunger."

Der Offizier zog seine Pistole und hielt sie Joseph an die Schläfe. „Weißt du, was ich jetzt mit dir machen könnte?"

Joseph nickte und raunte: „Aber ich habe Hunger."

Es kam Joseph vor wie eine Ewigkeit, bis der Soldat endlich seine Pistole zurück ins Holster stecke. „Hitler ist tausend Kilometer entfernt, und er wird nie erfahren, was ich tue", sagte der Mann, ging ins Haus und kam mit einem Proviantkorb zurück. Joseph wusste sofort: Es gab da oben im Himmel jemand, der ihn beschützte.

Nach dem Krieg schlug er sich nach Israel durch. Doch die schlimmen Erlebnisse forderten nun ihren Tribut. Seine Seele hatte Schaden genommen. Er litt an Essstörungen, es fiel ihm schwer, längere Gesprä-

## TEIL 2 – DEN TAG MIT GOTTES WEITSICHT PLANEN

che zu führen, und an regelmäßige Arbeit war auch nicht zu denken. So wurde er zum Einzelgänger und Aussteiger. Irgendwann in den sechziger Jahren stieg er als Anhalter in Joe Shulams Auto. Joe war Pastor einer christlichen Gemeinde. Als Joseph ein Neues Testament vorn auf dem Armaturenbrett liegen sah, erinnerte er sich an das Buch, das er damals ins Lager geschmuggelt und das ihn so neugierig gemacht hatte. Nun wollte er alles über diesen Jesus wissen. Er werde nicht aussteigen, so drohte er, bis er die ganze Geschichte gehört habe. Joe tat nichts lieber, als ihm dies zu erzählen. Und nachdem Joseph eine Weile zugehört hatte, wurde ihm klar, dass es Jesus gewesen sein musste, der das Herz des SS-Offiziers angerührt hatte.

So entschloss sich Joseph, Christus nachzufolgen. Joe nahm ihn mit zur Gemeinde, und Joseph ist dort geblieben. So verbrachte er den Rest seines Lebens im Schoß einer christlichen Gemeinde. Er kümmerte sich um neue Gäste und schrieb Briefe an Christen in aller Welt.

Wie Paulus war Joseph ein Gefangener vieler Schicksalsschläge. Aber beiden gelang es, ihren Kerker in einen Ort der Hoffnung zu verwandeln. Es fällt gewiss nicht leicht, in einem Gefängnis Hoffnung zu verbreiten und das Beste aus einem aus der Bahn geratenen Leben zu machen. Aber Gott überzeugt uns durch Biografien wie die von Paulus, Joseph und vielen anderen, dass der Versuch allemal lohnt.

Vor über hundert Jahren erlebte das Städtchen West Stanley in England den schwärzesten Tag seiner Geschichte, als ein Kohlenschacht einstürzte und viele Kumpel eingeschlossen und getötet wurden. Man bat den Bischof von Durham, Dr. Hendley Moule, den Trauernden ein Wort des Trostes zu spenden. Er stand unmittelbar vor dem Schachteingang und sagte zu den Versammelten: „Es fällt uns so unsäglich schwer, zu verstehen, warum Gott solch ein schreckliches Unglück zulassen konnte. Aber wir kennen ihn und vertrauen ihm, und so wissen wir, dass alles, was geschieht, recht ist. Ich habe zu Hause ein altes Lesezeichen, das mir meine Mutter einmal geschenkt hat. Es ist aus besticker Seide. Wenn ich die Rückseite betrachte, sehe ich nichts als ein Gewirr vieler kleiner Fäden. Es ist nicht zu erkennen, dass sich jemand dabei etwas gedacht hat. Eine miserable Arbeit, könnte man sagen, als habe es jemand geschaffen, der nicht wusste, was er tat. Wenn ich das Lesezeichen aber

## 6. Hoffnung für Tage voller Hindernisse

umdrehe und die Vorderseite betrachte, erkenne ich einen gestickten Schriftzug, und ich lese die Worte: GOTT IST LIEBE.

Wir blicken an diesem heutigen Tag auf die Rückseite des Lebens. Aber eines Tages werden wir alles von der richtigen Seite betrachten, und dann werden wir verstehen."

Ja, das werden wir! Aber in der Zwischenzeit sollten Sie sich weniger von den wirren Fäden auf der Rückseite Ihres Lebens irritieren lassen und viel mehr an den denken, der auf der noch unsichtbaren Seite ein wunderschönes Bild gestickt hat. Und lernen Sie von Vanderlei de Lima: Lassen Sie sich von den Störenfrieden, die am Rand stehen, nicht aus der Bahn werfen und behalten Sie Ihr Ziel im Auge – die Siegerehrung am Ende des Tages.

## WIE AUS DEM TAG NOCH ETWAS WERDEN KANN

Wo sind Sie mit Ihren Gedanken, wenn der Tag wieder ein Reinfall zu werden droht? Vom letzten Freitag, den Jesus auf dieser Erde verbrachte, sind uns dreizehn Zitate überliefert. Zehn davon handeln von Gott oder sind direkt an ihn gerichtet. Der Himmel war *das* Thema, um das Jesu Gedanken kreisten, und worüber er sprach.

Wenn auch Sie wieder einmal in eine Lebensphase voller schwerer Freitage geraten, denken Sie dann auch zuallererst an Gott? Ist der Himmel Ihr großes Thema, um das die meisten Ihrer Gedanken kreisen? Sie überstehen Zeiten der Unsicherheit besser, wenn Sie über Gottes Verlässlichkeit nachdenken. Sie ertragen Ablehnung besser, wenn Sie sich Gottes Annahme vergegenwärtigen. Und wenn die Gesundheit schwächelt oder Probleme drücken, nehmen Sie sich immer wieder eine Auszeit, indem Sie Ihre Gedanken auf Gott lenken. „Richtet eure Gedanken auf Gottes unsichtbare Welt und nicht auf das, was die irdische Welt zu bieten hat" (Kolosser 3,2).

Folgen Sie dem Vorsatz des Apostels: „Deshalb lassen wir uns von dem, was uns zurzeit so sichtbar bedrängt, nicht ablenken, sondern wir richten unseren Blick auf Gottes neue Welt, auch wenn sie noch unsichtbar ist" (2. Korinther 4,18). Christus kann aus Tagen voller Niederlagen ein Freudenfest machen.

# 7. Treibstoff für Tage ohne Saft und Kraft

Wenn Sie einen Mann am Straßenrand laufen sehen, der einen Benzinkanister trägt, dann ziehen Sie den Hut vor ihm. Es ist ein tapferer Mann, der jedoch am liebsten im Erdboden versinken würde.

Für Frauen ist ein leer gefahrener Benzintank ein Ärgernis, weil es einfach unbequem ist. Für Männer aber ist es eine Zurschaustellung ihres Versagens. Sie haben es mit der Muttermilch aufgesogen: Sorge im Leben stets dafür, dass du nicht mit leerem Tank auf der Strecke bleibst! Der Motor muss brummen, alles andere ist Schwäche.

Wenn ihm das Benzin ausgeht, weil er nicht aufgepasst hat, dann ist er der Armseligste unter den Männern. Und selbst ein Schwarzenegger käme sich vor wie ein Versager.

Eine solche Niederlage bleibt im Gedächtnis haften. Bevor die Lucado-Töchter ihren Führerschein besaßen, diente ich ihnen als Chauffeur. Eines Tages wollte ich gerade schwungvoll auf den Schulparkplatz biegen, als der Motor plötzlich Schluckauf bekam. Ein hektischer Blick zur Tankuhr ließ mich zusammenfahren. Die Nadel ruhte sogar unter dem Null-Strich. Meine Töchter sollten um keinen Preis miterleben, wie ihr Vater in Tränen ausbricht, und so drängte ich sie hinaus. Sie sollten sich gefälligst beeilen, in die Klasse zu kommen. An Freundlichkeit war in dieser Situation kaum zu denken.

Doch nun blieb es an mir hängen, das Problem mit dem leeren Benzintank in den Griff zu kriegen. Eine Weile starrte ich auf die Anzeige in der stupiden Hoffnung, sie könne sich vielleicht doch noch geirrt haben. Das funktionierte aber nicht. Ja, meine Eltern waren schuld, sie hatten mich auf jeden Fall viel zu früh auf den Topf gesetzt! So suchte ich die Verantwortung von mir zu weisen. Aber es nützte nichts – genauso wie der Versuch, das Problem zu ignorieren, indem ich aufs Gaspedal trat, als sei der Tank voll. Doch das Auto rührte sich nicht von der Stelle.

Ganz schön naiv! Denken Sie das gerade? Aber wie verhalten Sie sich,

## Teil 2 – Den Tag mit Gottes Weitsicht planen

wenn Ihnen der Sprit ausgeht? Vielleicht haben Sie nicht im buchstäblichen Sinn kein Benzin mehr im Tank, aber irgendetwas geht uns immer mal aus. Sie sollten eigentlich gerade besonders freundlich sein, aber die Tankuhr zeigt auf „Leer". Sie brauchen Hoffnung, aber die Nadel steht schon länger im roten Bereich. Sie brauchen mindestens zwanzig Liter Kraftstoff, um Ihre Probleme zu lösen, aber es sind nur noch ein paar Tropfen im Tank. Wir reagieren Sie dann spontan? Starren Sie nicht auch erst auf die Tankanzeige, geben den Eltern die Schuld für Ihre Erziehung oder versuchen, das Problem zu ignorieren?

Nein, Selbstmitleid setzt den Wagen nicht wieder in Gang. Anklagen füllen keinen Tank. Und Leugnung bewegt keinen Zeiger. Ist der Tank einmal leer, dann, so zeigt die Erfahrung, gilt es eine Zapfsäule zu finden. Ist jedoch die Ehe leer, das Leben oder das Herz, handeln wir dann nicht ähnlich wie die Jünger Jesu?

Ihnen war kein Benzin ausgegangen, sondern das Essen. Fünftausend waren mit ihren Familien gekommen, um Jesus zu hören. Irgendwann wurden die Menschen hungrig, und die Jünger verbreiteten Hektik. „Gegen Abend kamen seine Jünger zu ihm und sagten: ‚Es wird bald dunkel. Schick die Leute weg, damit sie in die Dörfer oder auf die Höfe in der Umgebung gehen und etwas zu essen kaufen können. Hier gibt es doch nichts'" (Markus 6,35+36).

*Seine Jünger kamen zu ihm!* Als Gruppe also mit vereinten Kräften. Und da hatten sie sich gewiss vorher abgesprochen – ohne ihren Herrn. Sie hatten diskutiert, verworfen und schließlich Einigkeit erzielt – ohne Jesus. Sie trugen ein paar Probleme vor und hatten bereits feste Vorstellungen, was zu tun sei.

Problem Nummer eins: Es wird bald dunkel.

Problem Nummer zwei: Hier gibt es nichts zu essen.

Problem Nummer drei: Das Budget.

In der Parallelstelle bei Johannes hat Philippus schon ein Tortendiagramm gezeichnet: „Philippus überlegte: ‚Wir müssten 200 Silberstücke ausgeben, wenn wir für jeden auch nur ein kleines Stückchen Brot kaufen wollten'" (Johannes 6,7).

Merken Sie es? Hier wird Stimmung gemacht. Man ist ratlos und die anderen sind schuld. „Es wird bald dunkel." (Der Prediger hat nicht auf

## 7. Treibstoff für Tage ohne Saft und Kraft

die Uhr geschaut!) „Hier gibt es nichts zu essen." (Die Leute waren dumm genug, sich nicht selbst etwas mitzubringen.) „Wir müssten 200 Silberstücke ausgeben." (Hätte Jesus nicht diesen abgelegenen Ort gewählt, liefen wir nicht Gefahr, ein Loch in die Kasse zu reißen.)

Die Verunsicherung der Jünger gipfelt in purer Respektlosigkeit. Anstatt Jesus zu *fragen*, was zu tun sei, *sagen* sie ihm, was er machen soll. „Schick die Leute weg, damit sie in die Dörfer oder auf die Höfe in der Umgebung gehen und etwas zu essen kaufen können" (Markus 6,36). Die Jünger raten Jesus, die Leute wegzuschicken – wodurch sie womöglich verloren gehen!

Das war keine Glanzleistung! Hätten sie es nicht besser wissen müssen? Es war ja nicht das erste Problem, dem sie sich auf ihrer Wanderschaft hatten stellen müssen und das Jesus mit Bravour auf seine Art löste. Sie waren schon häufig Zeugen gewesen. Spulen wir noch einmal den Film zurück und vergegenwärtigen uns, welche Wunder sie gesehen hatten: Wasser wurde zu Wein, ein geheilter Junge in Kapernaum, ein ganzes Boot voller Fische in Galiläa. Sie hatten miterlebt, wie Jesus ein Mädchen von den Toten auferweckte, er hatte Dämonen ausgetrieben, Lahme geheilt und ebenso die Schwiegermutter eines seiner Jünger. Sie waren Zeugen, als Jesus den Sturm stillte, den Sohn der Witwe rettete und einen zwölf Jahre anhaltenden Blutfluss zum Stillstand brachte.

In der Bibel ist alles bezeugt:

„Jesus heilte viele von ihren Krankheiten und zwang die Dämonen, ihre Opfer freizugeben" (Markus 1,34).

„Jesus wanderte durch das Land Galiläa ... und heilte alle Arten von Krankheiten und Leiden ... Man brachte viele Kranke zu ihm, die große Qualen litten: Besessene, Menschen, die Anfälle bekamen, und Gelähmte. Jesus heilte sie alle" (Matthäus 4,23-24).

„Jeder versuchte, Jesus zu berühren; denn von ihm ging eine Kraft aus, die sie alle heilte" (Lukas 6,19).

## TEIL 2 – DEN TAG MIT GOTTES WEITSICHT PLANEN

Erfahrene Jünger haben Jesus all diese Dinge tun sehen – und nicht nur die Jünger, sondern die Menschen im ganzen Land. Er war also bekannt dafür, das Unmögliche möglich zu machen. Hätten die Jünger nicht auf die Idee kommen sollen, ja müssen, ihn zuerst zu fragen? Kam einer im Jünger-Komitee auf den Gedanken, den Wundertäter nach seiner Meinung zu fragen? Haben Petrus, Johannes oder Jakobus Einspruch erhoben und gesagt: „Lass uns doch erst den fragen, der den Sturm gestillt und die Toten aufgeweckt hat. Vielleicht hat er ja eine Lösung"?

Beachten Sie bitte den Unterschied: Der Fehler der Jünger bestand nicht darin, dass sie sich Gedanken machten, um ein Problem zu lösen, sondern darin, es ohne Jesus getan zu haben. Indem sie ihm keine Gelegenheit gaben, seine Meinung zu äußern, gaben sie auch ihrem Tag keine Chance.

Wie unvernünftig! Hätten Sie Bill Gates zum Vater und Ihr Computer würde es nicht mehr tun, an wen würden Sie sich wenden? Wären Sie ein Kind des berühmten Stradivari und Ihre Violine wäre verstimmt, wen würden Sie bitten, sie wieder zum Klingen zu bringen? Und nun, da Gott Ihr Vater im Himmel ist, an wen wenden Sie sich, wenn ein Problem unlösbar erscheint?

In der Heiligen Schrift steht ganz klar, was wir tun sollen.

Ist das Problem groß? „Gott aber kann viel mehr tun, als wir jemals von ihm erbitten oder uns auch nur vorstellen können" (Epheser 3,20).

Ist der Mangel groß? „Er wird euch dafür alles schenken, was ihr braucht, ja mehr als das" (2. Korinther 9,8).

Ist die Versuchung zu erdrückend? „Denn weil er selbst gelitten hat und denselben Versuchungen ausgesetzt war wie wir Menschen, kann er uns in allen Versuchungen helfen" (Hebräer 2,18).

Sind die Sünden zu zahlreich? „Er wird auch alle endgültig retten, die durch ihn zu Gott kommen" (Hebräer 7,25).

Macht die Zukunft zu viel Angst? „Gott allein kann uns davor bewahren, dass wir vom rechten Weg abirren. So können wir von Schuld befreit und voller Freude vor ihn treten" (Judas 24).

Ist der Feind zu stark? „Christus hat die Macht, alles seiner Herrschaft zu unterwerfen" (Philipper 3,21).

Machen Sie diese Verse zu Ihrer täglichen Nahrung.

## 7. Treibstoff für Tage ohne Saft und Kraft

Gott kann so viel mehr tun als wir. Er kann schenken. Er kann helfen. Er kann bewahren. Und er kann bestimmen, wenn es nötig ist. Er hat bereits für alles einen Plan. Und damals angesichts der hungernden Menge heißt es: „Er wusste, wie er die Menschen versorgen würde" (Johannes 6,6). Gott gerät niemals aus dem Konzept. Wenden Sie sich also gleich an ihn.

Mein erster Gedanke, als mir damals vor der Schule der Sprit ausging, war: *Wie kriege ich bloß mein Auto zur nächsten Zapfsäule?* Und unser allererster Gedanke bei einer Schwierigkeit oder Not sollte sein: *Wie kriege ich das Problem zu Jesus?*

Werden wir konkret: Sie und Ihr Ehepartner sind im Begriff, ein Problem wieder einmal im Streit auszufechten. Am Horizont ziehen dunkle Gewitterwolken auf. Die Temperatur fällt rapide, und schon zucken die ersten Blitze. Eigentlich wären Geduld und gegenseitiges Verständnis angesagt, aber Ihnen beiden ist der Sprit ausgegangen. Wie wäre es, wenn einer von Ihnen „Auszeit!" riefe. Und der andere sagt: „Ja, lass uns erst mit Jesus reden, bevor wir uns allein unterhalten!" Kann doch eigentlich nicht schaden, oder? Der Herr hat schließlich auch die Mauern von Jericho zum Einsturz gebracht. Warum sollte er es da nicht mit Ihrer Mauer schaffen?

Ein zweites Beispiel: Ihr Kollege macht einen dummen Fehler, und Sie verlieren dadurch einen wichtigen Kunden. Sie bräuchten eigentlich einen ganzen Tank voller Nachsicht, aber es sind nur noch ein paar Tropfen übrig. Statt den Kollegen also mit dem winzigen Rest zur Rede zu stellen, sollten Sie lieber erst bei Christus auftanken. Bekennen Sie Ihre Aufgebrachtheit als Schwäche und bitten Sie ihn um Hilfe. Er wird Ihren Tank bestimmt wieder auffüllen.

Das hat er auch für einen Jungen getan. Lesen Sie, wie die Geschichte weitergeht:

> „Da brachte Andreas, der Bruder von Simon Petrus, ein Kind zu ihnen: ‚Hier ist ein Junge, der hat fünf Gerstenbrote und zwei Fische mitgebracht. Aber was ist das schon für so viele Menschen!' ... Dann nahm Jesus die fünf Gerstenbrote, dankte Gott dafür und ließ sie an die Menschen austeilen, ebenso die beiden Fische. Jeder bekam so

## Teil 2 – Den Tag mit Gottes Weitsicht planen

viel, wie er wollte. Als alle satt waren, sagte Jesus zu seinen Jüngern: ,Sammelt die Reste ein, damit nichts verdirbt!' Und die Jünger füllten noch zwölf Körbe mit den Resten. So viel war von den fünf Gerstenbroten übrig geblieben. Als die Leute begriffen, was Jesus getan hatte, riefen sie begeistert: ,Das ist wirklich der Prophet, auf den wir so lange gewartet haben!'" (Johannes 6,8-14).

Am Ende ist der kleine Junge der Held der Geschichte. Dabei hat er doch nicht mehr getan, als seinen spärlichen Proviant Jesus zu übergeben. Er überlässt die Problemlösung dem, der genug Weitsicht besitzt. Mehr erfahren wir in der Bibel nicht über ihn – und dennoch ist seine Tat ein beeindruckendes Lehrbeispiel: Gott kann, was Sie nicht zustande bringen. Reichen Sie also Ihr Problem an Jesus weiter, falls Sie selbst keine Lösung finden. Seien Sie nicht so dumm wie die Jünger. Sie analysierten, organisierten, bewerteten und rechneten – aber alles ohne Jesus. Und was kam dabei heraus? Besorgnis und Überheblichkeit.

Es wird auch Ihnen passieren, dass der Tank einmal leer gefahren ist. Es passiert einfach jedem von uns. Und das nächste Mal, wenn die Tanknadel wieder jenseits vom Nullstrich steht, denken Sie daran: Derjenige, der die Menge sättigte, ist nur ein Gebet von Ihnen entfernt.

## WIE AUS DEM TAG NOCH ETWAS WERDEN KANN

Wenn Ihnen wieder einmal die Probleme über den Kopf wachsen, denken Sie an den Rat von Petrus:

„Ladet alle eure Sorgen bei Gott ab, denn er sorgt für euch" (1. Petrus 5,7 – Hoffnung für alle).

„Alle eure Sorge werft auf ihn; denn er sorgt für euch" (1. Petrus 5,7 – Lutherübersetzung).

„Werft alle eure Ängste auf ihn, denn er sorgt für euch" (1. Petrus 5,7 – Das Jüdische Neue Testament).

Welche Übersetzung Sie auch für diese Stelle nehmen, es bleibt ein und dieselbe Botschaft:

Gottes Lösung ist nur ein Gebet von Ihnen entfernt!

# 8. Vertrauen für Tage voller Furcht und Angst

„Glaubst du wirklich, er kann es?"

„Glaubst du wirklich, er kümmert sich?"

„Glaubst du wirklich, er kommt?"

Fragen, die ein Mutterherz quälen. Der Mund ist trocken vor Angst und die Augen weit aufgerissen.

Der Vater bleibt noch einmal an der Tür stehen und blickt zurück. Da liegt seine Tochter auf der Liege. Sie hat Schüttelfrost vom Fieber. Aber auch die Mutter zittert am ganzen Leib. „Ich weiß nicht, was wir von ihm erwarten können", sagt der Vater der Kleinen und zuckt die Achseln. „Aber ich weiß nicht, was wir sonst tun könnten."

Die Menge vor dem Haus teilt sich, als der Hausherr heraustritt. Sie haben erfahren, was auf dem Spiel steht.

„Gesegnet seist du, Jaïrus", ruft einer, aber Jaïrus hört es kaum. Er hat noch die Fragen seiner Frau im Ohr: „Glaubst du wirklich, er kann es?" – „Glaubst du wirklich, er kümmert sich?" – „Glaubst du wirklich, er kommt?"

Jaïrus macht sich sogleich auf den Weg durch das Fischerdorf Kapernaum. Er läuft an seinen Nachbarn vorbei, so schließen sie sich der Menge an, die ihm bereits folgt. Sie wissen, wohin Jaïrus unterwegs ist. Sie haben erfahren, wen er sucht. Am Ufer des Sees hofft er, Jesus zu finden. Und tatsächlich, sobald sie sich dem Wasser nähern, bemerken sie den Lehrer, von einer Menschenmenge fast erdrückt. Ein paar Männer aus Kapernaum gehen vor und bahnen dem Synagogenvorsteher den Weg. Man lässt sie gewähren, und so ist es, als teile sich ein Schilfmeer aus Menschen für einen in Not. Jaïrus verliert keine Zeit: „Da kam Jaïrus, ein Vorsteher der jüdischen Gemeinde, und warf sich vor Jesus nieder. Er flehte ihn an: ‚Meine Tochter liegt im Sterben. Komm und leg ihr die Hände auf, damit sie wieder gesund wird!' Jesus ging mit Jaïrus, dicht gefolgt von einer großen Menschenmenge" (Markus 5,22-24).

## 8. Vertrauen für Tage voller Furcht und Angst

Jesu Bereitwilligkeit, sofort zu kommen, rührt Jaïrus zu Tränen. Zum ersten Mal seit langer Zeit trifft ein Sonnenstrahl die Seele des Vaters, und Hoffnung keimt auf: Könnte nicht doch ein Wunder geschehen?

Jesus *kann* helfen!

Jesus *kümmert* sich doch!

Jesus *kommt* tatsächlich!

Die Menschen machen eilends und ehrfürchtig Platz, als sie sich dem Haus nähern. Diener laufen voraus, um die Frau des Hauses zu benachrichtigen. Und dann bleibt Jesus, der umgehend aufgebrochen ist, plötzlich stehen. Jaïrus bemerkt es erst nicht und eilt unbeirrt weiter, bis auch er spürt, dass Jesus nicht mehr hinter ihm ist. Auch die Leute sind stehen geblieben, und jeder rätselt, was Jesus mit der Frage meint: „Wer hat mich angefasst?" (Markus 5,30). Die Umstehenden blicken sich fragend an. Auch Jaïrus kann nicht erkennen, wen der Meister meint. Aber es ist ihm auch egal. Wertvolle Zeit verstreicht! Und womöglich stirbt seine geliebte Tochter in diesem Augenblick. Eben noch war er als Herold der Hoffnung allen vorangeschritten. Plötzlich aber steht er abseits, und er spürt, wie das Fünkchen Hoffnung erlischt. Dort erblickt er bereits sein Haus und auf der anderen Seite Jesus, der stehen geblieben ist. So beginnt er von Neuem zu zweifeln:

*Ob er kann?*

*Ob er sich wirklich kümmert?*

*Ob er tatsächlich kommt?*

Wie vertraut sind uns diese Fragen des Vaters, denn seine Ängste sind auch unsere Ängste! Sein Kapernaum ist unser Krankenhaus, unser Gerichtssaal oder unsere Unfallstelle auf der Autobahn. Seine sterbende Tochter ist unsere sterbende Ehe, unser Karriereende, unser gescheiterter Plan oder unsere in die Brüche gegangene Freundschaft. Jaïrus ist gewiss nicht der Letzte, der Jesus um ein Wunder bittet.

Wir selbst haben es doch auch schon getan. Mit den Resten unseres ohnehin schon schwachen Glaubens haben wir uns Jesus vor die Füße geworfen und ihn um Hilfe gebeten. Seine Antwort war ein Hoffnungsschimmer. Die graue Wolkendecke brach auf. Ein paar Sonnenstrahlen.

Doch auf halbem Weg zum Wunder bleibt Jesus plötzlich stehen. Die Krankheit ist so schlimm wie vorher, das Herz so hart wie eh und je. Die

## TEIL 2 – DEN TAG MIT GOTTES WEITSICHT PLANEN

Firma muss entlassen. Die Kritiker haben recht behalten. Und da stehen wir wie Jaïrus im Abseits – mit dem Gefühl, auf der Prioritätenliste Gottes wieder ganz unten gelandet zu sein. Wird Jesus womöglich vergessen haben? Wird er *können*, sich *kümmern* und letztlich auch *kommen*?

Jaïrus spürt, wie ihm jemand die Hand auf die Schulter legt. Er wendet sich und blickt in das fahle Gesicht eines Dieners, der seine Botschaft kaum auszusprechen wagt: „Deine Tochter ist gestorben. Es hat keinen Zweck mehr, den Meister zu holen" (Lukas 8,49).

Gelegentlich ist auch mir die Aufgabe zugefallen, die der Diener hier erfüllte. Ich musste die Nachricht vom Tod eines geliebten Menschen überbringen. Ich unterrichtete den Vater vom Tod seines heranwachsenden Sohnes, meine Geschwister vom Tod unseres Vaters und das ein oder andere Kind vom Tod eines Elternteils.

Solche Nachrichten werden meist mit versteinertem Schweigen beantwortet. Der Zusammenbruch kommt später. Zunächst herrscht Schweigen, als könne das Herz die Worte nicht fassen, weil Worte letztlich nicht vermögen, ein solches Unglück zu vermitteln. Wer findet in solch einer Situation die richtigen Worte?

War es solch ein fassungsloses Schweigen, in das Jesus die Worte sprach: „Verzweifle nicht! Vertrau mir ganz und gar" (Markus 5,36).

*Vertrauen?*, mochte Jaïrus gedacht haben. *Worauf soll ich noch setzen? Woher soll ich Glauben nehmen? Wem soll ich vertrauen? Meine Tochter ist gestorben! Meine Frau ist untröstlich. Und du, Jesus, du kommst zu spät. Wärst du gleich gekommen! Wärst du mir auf dem Fuß gefolgt! Warum hast du mein Mädchen denn sterben lassen?*

Jaïrus hatte damals keine Antworten auf diese Fragen. Wir aber wissen inzwischen mehr. Warum hat Jesus das Mädchen erst sterben lassen? Weil Menschen über 2000 Jahre lernen sollten, dass Jesus auch gegen allen Anschein niemand im Stich lässt, der ihm vertraut. Es sollten diejenigen getröstet werden, die selbst in den Schuhen dieses verzweifelten Vaters steckten und die baten, was Jaïrus bat. Ihnen allen wollte und will Jesus noch immer antworten: „Verzweifle nicht! Vertrau mir ganz und gar."

Vertrauen Sie darauf, dass er kann, und glauben Sie, dass er imstande ist zu helfen!

## 8. Vertrauen für Tage voller Furcht und Angst

Und nun beachten Sie, wie die Geschichte eine unerwartete Wendung nimmt. Bis zu diesem Augenblick ist Jesus Jaïrus gefolgt, nun aber geht er voran. Er übernimmt die Führung. Er bestimmt, was geschehen soll, und sucht sich sein Team aus: „Er wies die Menschen zurück, die ihm folgen wollten. Nur Petrus und die Brüder Jakobus und Johannes durften ihn begleiten" (Markus 5,37).

Und er gebietet den Trauernden, sie mögen sich beruhigen: „‚Weshalb macht ihr solchen Lärm?', fragt er sie. ‚Warum weint ihr? Das Kind ist nicht tot, es schläft nur'" (Markus 5,39).

„Als sie ihn verspotten, schickt er sie alle weg" (Markus 5,40). Das ist ein wenig abgemildert übersetzt. Im griechischen Grundtext steht dort das Verb *ekballo*, das „hinauswerfen" bedeutet. Jesus, der Tempelreiniger und Dämonenvertreiber, krempelt wieder einmal die Ärmel hoch und wirft die hinaus, die Zweifel säen.

Dann erst wendet er sich dem leblosen Körper des Mädchens zu, und er tut es mit großer Zuversicht. *Kann* Jesus Tote lebendig machen? Natürlich *kann* er!

Aber wird er auch wollen, weil ihm etwas daran liegt? Ist er nicht nur mächtig, sondern auch barmherzig? Wird das Unglück einer Zwölfjährigen in Kleinkummerfeld in den himmlischen Sphären überhaupt als Vorfall registriert? Jesus hat die Antwort längst gegeben – gleich, als er zum Synagogenvorsteher sagte: „Verzweifle nicht! Vertrau mir ganz und gar" (Markus 5,36).

Als Jesus also seine Aufmerksamkeit der Frau zuwandte, die ihn berührt hatte, vergaß er Jaïrus' Anliegen keinen Augenblick. Das Schicksal des Mädchens war ihm so wichtig wie zuvor. Und so kümmerte er sich schließlich um Jaïrus und ging in sein Haus.

„Jesus schickte sie alle weg; nur die Eltern und seine drei Jünger gingen mit zum Bett des Mädchens. Dann fasste er die Tochter des Jaïrus an der Hand und sagte: ‚Talita kum!' Das heißt übersetzt: ‚Mädchen, steh auf!' Da stand das zwölfjährige Kind auf und ging im Zimmer umher. Ihre Eltern waren fassungslos. Sie wussten nicht, was sie sagen sollten" (Markus 5,40-42).

## Teil 2 – Den Tag mit Gottes Weitsicht planen

Ein Wort von ihm aus der Ferne hätte genügt, um das Herz des Mädchens wieder zum Schlagen zu bringen, aber Jesus wollte mehr, als „nur" eine Tote erwecken. Er wollte aller Welt vor Augen führen, dass er nicht nur kann und sich kümmert, sondern auch tatsächlich kommt.

Ja, er kommt in die Häuser aller, die leiden wie Jaïrus – so abgelegen sie auch wohnen mögen. Er kommt zu jedem, der ihn ruft. Er redet mit allen, die darauf hoffen. Auch mit mir hat er letzte Woche wieder geredet. Das Manuskript für das Buch, das Sie gerade lesen, kam vom Verlag voller rot markierter Korrekturwünsche zurück, und zwei Tage lange schmollte ich wegen der vielen zusätzlichen Arbeit. Ich erwog bereits, das ganze Projekt zu den Akten zu legen. Da fiel mir plötzlich die Ironie der Situation auf: Ich schrieb ein Buch über die Chancen, die jeder Tag bekommen sollte, und verdarb mir meinen mit so viel Wut im Bauch.

Denalyn, meine Frau, meinte, ich solle auf andere Gedanken kommen, und da wäre es doch gut, wenn ich sie zum Einkaufen begleite. (Man muss schon ziemlich schlecht gelaunt sein, wenn einem der Vorschlag, einen Einkaufswagen durch die Fleischabteilung zu schieben, verlockend erscheint.)

Prompt lief uns ein Mitglied unserer Gemeinde über den Weg. Nachdem wir ein paar freundliche Worte gewechselt hatten, sagte er: „Weißt du noch, wie du zu uns über die Chance gesprochen hast, die jeder Tag bekommen sollte?"

*Wenn du wüsstest!* „Ja klar."

„Das hat mir wirklich sehr geholfen."

„Freut mich", sagte ich, und es klang wohl ein wenig zu lakonisch.

„Nein, wirklich, Max!", bekräftigte er seine Aussage. „Es soll nicht nur so ein Kompliment sein. Es hat mir viel bedeutet."

Was für ein schöner Mutmacher war dieses kurze Gespräch! Und genau zum richtigen Zeitpunkt. Manchmal reicht uns das schon, um aus einem Stimmungstief zu kommen. Und Gott sorgt dafür, dass wir solche Mutmacher bekommen – wenn wir niedergeschlagen sind oder von den Umständen überfordert. Noch immer spricht er uns zu: „Verzweifle nicht! Vertrau mir ganz und gar."

Vertrauen Sie darauf, dass er kann, dass er sich *kümmert* und dass er *kommt*. Wir haben dieses Vertrauen so bitter nötig in unserem Alltag,

## 8. Vertrauen für Tage voller Furcht und Angst

denn die Ängste und Sorgen wollen uns ständig die Lebensfreude rauben.

Wenn vor Jahrhunderten Seekarten gezeichnet wurden, dann schrieben die Kartografen in die unerforschten Gebiete kurze Warnungen hinein:

„Hier könnten Drachen erscheinen."

„Hier könnten Dämonen erscheinen."

„Hier könnten Sirenen erscheinen."

Würden Sie eine Karte Ihrer Lebenswelt zeichnen, gäbe es da auch solche Warnungen? Über den unbekannten Wassern der Zukunft: „Drachengefahr!" Über dem Meer der zwischenmenschlichen Beziehungen: „Vorsicht, Dämonen!" Und jenseits des Breitengrads von Tod und Ewigkeit: „Hier könnten Sirenen erscheinen!"

Sollte dies der Fall sein, so nehmen Sie sich ein Beispiel an Sir John Franklin. Er war Kapitän der Handelsflotte Heinrichs V. Die fernen Gewässer des Ozeans waren für ihn wie für seine Zeitgenossen noch geheimnisvolle Orte. Doch im Gegensatz zu den meisten Seeleuten von damals war Sir John Franklin ein Mann des Glaubens. Auf den Seekarten, die er in Besitz nahm, strich er all die Warnungen am Rand aus und schrieb stattdessen: „Hier herrscht Gott!"

Machen Sie es ihm nach. Auch in die unbekannten Gewässer wird Gott Ihnen folgen. Man mag Sie strafversetzen, einberufen, aussenden, in die Wüste schicken oder ins Krankenhaus einweisen – so sollte sich doch eine Erkenntnis in Ihre Seele einbrennen: „Ich bin bei euch alle Tage!" (Matthäus 29,20 – Lutherübersetzung) Das hat Jesus uns versprochen.

Verzweifeln Sie nicht! Vertrauen Sie ihm ganz und gar.

Wenn Sie doch einmal Angst beschleicht, heißt das nicht gleich, dass Sie keinen Glauben mehr haben. Selbst Christus hatte Angst (Markus 14,33). Achten Sie aber darauf, dass die Angst ein flüchtiger Gast bleibt und sich nicht häuslich niederlässt. Hat die Angst Ihnen nicht schon viel zu viel geraubt? So manches Lachen? So manche erholsame Nachtruhe? So manche fröhliche Stunde? Begegnen Sie also Ihrer Angst mit Vertrauen in den, dem Sie glauben.

Tun Sie, was mein Vater meinem Bruder und mir gezeigt hat. In den

## Teil 2 – Den Tag mit Gottes Weitsicht planen

Sommerferien sind die Lucados regelmäßig in die Rocky Mountains gefahren. Mein Vater war ein leidenschaftlicher Forellenangler. Allerdings wusste er auch, dass die Strömungen in diesen Wildwasserbächen gefährlich werden konnten und seine Söhne nicht immer achtsam waren. Sobald wir angekommen waren, suchten wir gemeinsam nach einer Furt, wo es möglich war, den Bach gefahrlos zu überqueren. Dazu gingen wir das Ufer ab, und dann zeigte er uns die geeignete Steinreihe, über die wir nach drüben springen konnten. Sollte sich einmal eine zu große Lücke für unsere kurzen Beine aufgetan haben, so füllte er sie mit einem zusätzlichen Stein aus.

Wir Jungen schauten interessiert zu, wie unser Vater die Steine prüfte. Wenn sie ihn hielten, würden sie auch uns tragen. Drüben angekommen, gab er uns das Zeichen, nun unsererseits den Wildbach zu überqueren.

„Keine Bange", rief er dann. „Ihr könnt mir vertrauen."

Er musste uns damals nicht erst lange überreden und locken. Als Erwachsene sind wir in solchen Situationen oft viel zögerlicher. Gibt es solch ein Wildwasser zwischen Jesus und Ihnen? Dann hüpfen Sie getrost von Stein zu Stein. Wäre Jaïrus Jesu Ruf nicht gefolgt, hätte der Tod jede Hoffnung besiegt. Und sofern Sie sich von Jesus nicht über den Wildbach Ihres Lebens locken lassen, vergeht Ihnen endgültig die Freude am Leben, und alle Tage, die noch vor Ihnen liegen, tragen Sie schon heute zu Grabe.

Diesen Fehler sollten Sie nicht begehen. Geben Sie dem heutigen Tag und allen weiteren eine Chance. Glauben Sie, dass er *kann*. Glauben Sie, dass er sich *kümmert*. Glauben Sie, dass er sogar *kommen* wird! Vertrauen Sie darauf.

## Wie aus dem Tag noch etwas werden kann

Bemühen Sie Ihre Fantasie und stellen Sie sich ganz bildlich vor, wie Gott Ihnen entgegenläuft. Das wird Sie unweigerlich heiter stimmen.

Als die Glaubensväter vertrauten, segnete Gott. Als Petrus predigte, Paulus Briefe schrieb und Thomas glaubte, da lächelte Gott, aber er kam nicht gelaufen.

Das tat er allein beim verlorenen Sohn. „Er machte sich auf den Weg und ging zurück zu seinem Vater. Der erkannte ihn schon von Weitem. Voller Mitleid lief er ihm entgegen, fiel ihm um den Hals und küsste ihn" (Lukas 15,20).

Gott kommt gelaufen, als er den Sohn sieht, der von den Schweinetrögen heimkehrt. Er kommt gelaufen, wenn der Süchtige seine Spritze wegwirft, wenn der Teenager das Besäufnis verlässt, wenn der Karrierist von seiner Leiter herabsteigt, wenn der Spiritist seine Götzen verbrennt, wenn der Materialist seinen Besitz verschenkt, der Atheist seine Skepsis überwindet und der Star feststellt, dass er auch nur ein Mensch ist.

Wenn Verlorene den Weg heraufkommen, dann hält es Gott nicht mehr zurück. Und die Engel schauen zu, wie der Vater sein Kind in die Arme schließt.

Wenden Sie sich an Gott, so kommt er Ihnen entgegengelaufen.

# TEIL 3

## DEN TAG NACH GOTTES IDEE LEBEN

An der Tür zur Aula klebte ein Zettel:

Schulaufführung: Das Musical *Oklahoma*
Vorsprechen: Nächsten Donnerstag und Freitag

Die Chance für mich! Endlich! Wenn Buddy Holly und Roy Orbison es aus dem Wilden Westen in Texas auf die großen Bühnen geschafft hatten – warum sollte mir das nicht auch gelingen? Ich war noch relativ neu an der Schule und brannte darauf, mich irgendwie zu beweisen. Wer weiß, wie viele unentdeckte Talente in mir schlummerten! Stiefel, Hut und richtigen Akzent brachte ich jedenfalls mit. Warum nicht alles ausprobieren?

Mein Vorsprechen weckte Begeisterung – bis ich mich anschickte, auch etwas zu singen. Schon nach den ersten Tönen hielt sich der Musiklehrer die Ohren zu. Vor dem Fenster jaulte ein Hund, und die Tapeten begannen sich von den Wänden zu rollen. Der Lehrer winkte ab, aber tröstete mich mit einem Angebot. Eine kleine Nebenrolle hätte er für mich. Ob ich Theatererfahrung habe. Na ja, ich ginge einmal im Monat ins Kino, antwortete ich. Und das schien ihn zufriedenzustellen. Er gab mir das Manuskript und nannte die Seite, auf der mein Text stünde. Die *Seite* – Einzahl! Mein Text hatte also Platz auf einer Seite. Und dann stellte sich heraus, dass es sich nicht nur um eine Seite, sondern um eine Zeile handelt. Noch heute, nach mehreren Jahrzehnten, erinnere ich mich an die drei Worte. Ich hatte mich über einen soeben erschossenen Cowboy zu beugen, himmelwärts zu blicken und aus tiefster Seele zu schreien: „Er ist ... tot!"

So manch einer hätte sich wegen der winzigen Rolle gegrämt. Ich nicht. Es war der Wendepunkt in der Geschichte, und *ich* durfte ihn gestalten. Jemand musste ja imstande sein, den Bühnentod zu verkünden. Und ich legte alles hinein, was mein Innerstes hergab – in diese einzige Zeile.

## TEIL 3 – DEN TAG NACH GOTTES IDEE LEBEN

Und hätten Sie damals in der ersten Reihe gesessen, wäre Ihnen auch nicht die winzige Träne im rechten Augenwinkel entgangen.

Die Autoren des Musicals wären stolz auf mich gewesen. Aber sie haben nie von meinem Einsatz erfahren. Als sie die Geschichte verfassten, haben sie dabei nicht an mich gedacht. Aber als Gott die Heilsgeschichte schrieb, da hat er jedem von uns seine Rolle auf den Leib geschrieben.

Welche Rolle sollen Sie spielen? Glauben Sie keinen Augenblick, dass für Sie keine vorgesehen ist! Bei Gott hat jeder seine Aufgabe. Eine Rolle hat er speziell Ihnen zugedacht, und keine ist zu klein, als dass man nicht etwas aus ihr machen könnte. Füllen Sie also mit Engagement und Freude aus, was er Ihnen zugetraut hat – wie ich damals meine Cowboy-Rolle –, und eine ganze Reihe froher Tage steht Ihnen bevor.

# 9. Berufung für Tage ohne Sinn und Ziel

Jerusalem ist überfüllter denn je zum Passahfest, und Simon, der vom Land kommt, leidet unter der drangvollen Enge in den Gassen. Er sehnt sich nach den weiten Äckern seines Zuhause, aber hier ist es laut und einer tritt dem anderen auf die Füße. Und zu allem Übel bahnt sich nun auch noch die römische Garde ihren Weg durch die Menge. Irgendeiner ihrer Obersten wird folgen, hoch zu Ross.

„Da kommt er!", ruft jemand.

Alle Blicke richten sich auf den Mann – aber es ist keiner der Obersten.

„Eine Kreuzigung", raunt es neben Simon. Vier Soldaten und ein Verurteilter. Vier Speere und ein Kreuz. Der Winkel, in dem sich die Balken kreuzen, liegt auf der Schulter des Verbrechers, und das Ende holpert übers Pflaster. Der Mann tut alles, um nicht zu straucheln, denn das Gewicht der Balken drückt schwer. Dennoch, immer wieder versagen die Kräfte und er fällt auf die Knie. Simon kann das Gesicht des Mannes nicht sehen, nur die Dornenzweige, die seinen Kopf umkränzen.

Ein mürrischer Zenturio verliert die Geduld. Er fährt den Verurteilten an: „Mach, dass du weiterkommst, Kerl!"

*Für den gibt's keine Hoffnung mehr*, denkt Simon.

Der Kreuzträger bleibt direkt vor Simon stehen und ringt nach Atem. Simon aber fährt zusammen bei dem Anblick. Überall rinnt dem Mann das Blut übers Gesicht. Der Mund ist weit aufgerissen wegen der Schmerzen und weil die Luft knapp ist.

„Sein Name ist Jesus", sagt jemand mit sanfter Stimme.

„Weiter!", brüllt der Soldat.

Doch dieser Jesus ist am Ende seiner Kräfte. Seine Beine versagen ihren Dienst, und das Kreuz gerät ins Schwanken, droht in die Menge zu stürzen. Schon weichen die Menschen zurück. Nur Simon, der Bauer,

## Teil 3 – Den Tag nach Gottes Idee leben

bleibt stehen und packt beherzt mit seinen kräftigen Händen zu, worauf Jesus kraftlos zu Boden sinkt. Der Zenturio mustert den Erschöpften, dann den kräften Mann vom Land, und schon hat er die Entscheidung getroffen. Er drückt Simon seinen Speer auf die Schulter und ruft: „Du! Trag das Kreuz!"

Simon grollt, tritt aber gehorsam aus der Menge und hebt den Holzbalken auf seine Schulter. Es ist ein kurzer Schritt aus der Anonymität in die Geschichte. Er ist der Erste von Millionen, die das Kreuz aufnehmen und Christus nachfolgen werden. Im Bibeltext heißt es: „Unterwegs begegnete ihnen Simon aus Kyrene, der Vater von Alexander und Rufus. Simon kam gerade von seinem Feld. Die Soldaten zwangen ihn, das Kreuz zu tragen, an das Jesus gehängt werden sollte" (Markus 15,21). „Ihn zwangen sie, mitzugehen und für Jesus das Kreuz zu tragen" (Lukas 23,26).

Nur wenig erfahren wir über diesen Simon: Ein Fremder aus Kyrene, der von seinem Feld kommt, wird gezwungen, das Kreuz zu tragen. Hatte Simon schon von Jesus gehört? Was tat er in Jerusalem? Was bedeutet der Hinweis auf seine beiden Söhne? Es bleibt ein Geheimnis. Was wir aber wissen, ist dies:

Er nahm das Kreuz Christi auf seine Schultern. Er tat also konkret und praktisch, was Gott von uns im übertragenen Sinne erwartet: Das Kreuz auf sich nehmen und Christus nachfolgen. „„Wer mir nachfolgen will, darf nicht mehr sich selbst in den Mittelpunkt stellen, sondern muss sein Kreuz täglich auf sich nehmen und mir nachfolgen'" (Lukas 9,23).

„Das Kreuz auf sich nehmen" – dieser Satz ist inzwischen zu einem geflügelten Wort verkommen. So hört man Leute sagen: „Mein Kreuz ist meine Schwiegermutter." Oder der Beruf, die schlechte Ehe, der Boss oder der Prediger. Unter *Kreuz* verstehen wir alles, was uns belastet und zuwider ist. Mein Synonymwörterbuch bestätigt es: Bürde, Arbeitslast, Joch, Anstrengung – kann ich dort als Einträge lesen. Es scheint darum zu gehen, persönliche Herausforderungen ohne Murren auf sich zu nehmen. Gott, so glauben wir, gibt Kreuze aus, wie der Wächter Spaten an die Häftlinge. Keiner will, aber jeder bekommt einen. Jeder hat gefälligst sein Kreuz zu tragen. Und da sollten wir uns am besten gleich daran gewöhnen.

## 9. Berufung für Tage ohne Sinn und Ziel

Aber passt es denn zu Jesus, dass er mit seinem Kreuz symbolisch all unseren Alltagsärger meint, den wir zu schultern haben? Sind wir aufgerufen, freudig jeden Nackenschlag als Möglichkeit zu begrüßen, wieder etwas mehr zu leiden? Nein, das Kreuz bedeutet so viel mehr! Es ist Gottes Werkzeug der Erlösung, das Instrument zum Heil und Beweisstück seiner Liebe zu den Menschen. Wer also sein Kreuz auf sich nimmt, der trägt an Christi Last mit, die er für die Menschen dieser Welt auf sich genommen hat.

Unsere Kreuze mögen ähnlich sein, aber sie sind nicht identisch. „Wer mir nachfolgen will, darf nicht mehr sich selbst in den Mittelpunkt stellen, sondern muss *sein Kreuz* täglich auf sich nehmen und mir nachfolgen" (Lukas 9,23).

Jeder von uns hat sein persönliches Kreuz zu tragen – ein individueller Anteil an Jesu Last, die er für die Menschen trägt. Ihr Kreuz ist sozusagen auf Sie zugeschnitten.

Kennen Sie dieses unangenehme Gefühl, ein Kleidungsstück zu tragen, das nicht der eigenen Körperform entspricht? Ich war der Nachzügler in unserer Familie, und so erbte ich häufig die Sachen, die meine Brüder schon abgetragen hatten. Gewiss, irgendwie wurde mein Körper damit eingehüllt, aber wirklich gepasst haben sie mir selten. Die Schultern waren oft eingezwängt, der Kragen schnürte mir den Hals zu, und ich war überglücklich, als meine Mutter sich endlich entschloss, mir passende Hemden zu kaufen.

Aber noch glücklicher werden Sie sein, wenn Sie die Aufgabe erkennen, die Gott Ihnen auf den Leib geschneidert hat. Sie wird wie angegossen sitzen. Sie wird berücksichtigen, was Sie als Mensch im Innersten beseelt, und Ihre Gaben und Talente mit einbeziehen. Wollen Sie die graue Wolkendecke verscheuchen, die Ihnen im düsteren Alltag das Licht nimmt? Dann nehmen Sie sein Kreuz – seine Aufgabe für Sie – an.

John Bentley tat dies. Sein Kreuz sind chinesische Waisenkinder. Der christliche Rechtsanwalt richtete seine Kanzlei in Peking ein, wo er und seine Frau auch noch ein Waisenhaus für Findelkinder im Säuglingsalter betrieben. Vor ein paar Jahren hatte eine Mutter ihr Neugeborenes am Feldrand abgelegt und es in ein Totenhemd eingehüllt. Es lag kein Brief dabei, keine Notiz, keine Erklärung, nur etwas Geld, um das Begräbnis

## Teil 3 – Den Tag nach Gottes Idee leben

zu bezahlen. Die Mutter hatte offenbar ihr Kind verstoßen, und die ärztliche Untersuchung zeigte auch, warum: Das Kind hatte schwere Verbrennungen von Kopf bis Fuß.

Die Bentleys wollten nicht zulassen, dass das Kind stirbt. Sie pflegten den Jungen nicht nur gesund, sondern adoptierten ihn auch. Sie tragen das Kreuz Christi für Kinder in China.

Shawn Hughes und seine Frau tragen das Kreuz für ein Arbeiterviertel von San Antonio. Viele sind weggezogen, sie sind extra dorthin gezogen. Sie hätten in einem großen Haus in exklusiver Gegend wohnen können, aber sie haben sich für ein kleines Haus in einer bescheidenen Gegend entschieden. Sie mögen die Herzlichkeit, die man oft unter schlichten Menschen erfahren kann. Nennen Sie es Hingabe oder Last ... oder Kreuz. Die beiden jedenfalls haben ihres auf sich genommen.

„Jeder von uns hat lediglich getan, was ihm von Gott aufgetragen wurde" (1. Korinther 3,5). Was wurde Ihnen aufgetragen? Wie sieht Ihre ganz persönliche Berufung, Ihr ganz persönlicher Auftrag aus, Ihre Mission?

Vielleicht können Ihnen die folgenden drei Fragen dabei behilflich sein:

*In welche Lebenslagen hat Gott Sie geführt?* Ziehen Sie einmal Bilanz über die Lebenserfahrungen, die Sie ganz persönlich gemacht haben. „Seid nicht verbohrt; sondern begreift, was der Herr von euch will" (Epheser 5,17). In was für einer Umgebung sind Sie aufgewachsen? Wie war Ihr soziales Umfeld? Was Sie erlebt haben, ist ein Wegweiser in die Zukunft. Mose ist dafür ein gutes Beispiel. Seine Kindheit in Ägypten und die dort gemachten Erfahrungen bereiteten ihn darauf vor, eines Tages vor den Pharao zu treten. David weidete schon in jungen Jahren Schafe. Das war keine schlechte Vorbereitung für einen, der einmal Hirte eines Volkes werden sollte. Dass Paulus ein Bürger Roms war, verlängerte sein Leben und die Zeit für seine Mission. Aber auch Ihre individuelle Vergangenheit ist keine Verkettung zufälliger Ereignisse.

Und wie sieht es mit den Lasten aus, die Gott Ihnen aufs Herz gelegt hat? *Welche Nöte in dieser Welt hat Gott Ihnen durch das, was Sie erlebt haben, vor Augen geführt?* Was macht Sie traurig oder regt Sie auf? Nicht jeden nimmt mit, was Sie beschäftigt. Mitgefühl hat individuelle Schwer-

## 9. Berufung für Tage ohne Sinn und Ziel

punkte. Fragen Sie sich, was Ihr Herz beschwert. „Mit zäher Ausdauer wollen wir auch noch das letzte Stück bis zum Ziel durchhalten" (Hebräer 12,1). Haben Sie eine Idee, wo Ihre Rennstrecke ist?

*Welche Fähigkeiten hat Gott Ihnen in die Wiege gelegt?* „Jedem Einzelnen von uns aber hat Christus besondere Gaben geschenkt, so wie er sie in seiner Gnade jedem zugedacht hat" (Epheser 4,7). Was geht Ihnen von der Hand? Viele von Ihnen gehen gern mit Zahlen um. Andere sind kreativ im Herstellen von schönen Dingen. Irgendetwas macht Ihnen besonders viel Freude und es bereitet Ihnen keine große Mühe. Daniel Sharp ist in der Gemeinde groß geworden, in der ich engagiert bin. Während seines Studiums absolvierte er ein Auslandssemester in Moskau, wo er Mathematik, Elektrotechnik und Literaturwissenschaften studierte – in Russland! Wem hätte das Spaß gemacht? Ausgerechnet in Russland, und dann noch diese Fächerkombination! Er aber schrieb seinen Eltern nach Hause, dass er sich nichts Besseres vorstellen könne. Was er tat, entsprach seinen individuellen Neigungen.

Auch Ihnen werden Dinge leichtfallen. Finden Sie heraus, was es ist. „Darum soll jeder sich selbst genau prüfen" (Galater 6,4).

Keiner von uns ist dazu berufen, die Sünden der Welt zu tragen (das hat Jesus bereits getan), aber dass die Lasten dieser Welt getragen werden, dazu können wir alle beitragen.

Und noch etwas sollten Sie sich bewusst machen. Jesus sagte: „Mir zu dienen ist keine Bürde für euch, meine Last ist leicht" (Matthäus 11,30). Sein Kreuz ist also keine unerträgliche Bürde. Prüfen Sie es selbst einmal. Besuchen Sie Menschen im Krankenhaus, und fragen Sie sich hinterher, ob Sie nicht irgendwie glücklicher nach Hause gekommen sind. Verzichten Sie auf eine Predigt und helfen Sie stattdessen im Kindergottesdienst. Haben Sie nicht wunderbar profitiert davon, obwohl es zunächst ein Verzicht zu sein schien? Am Ende haben Sie sogar mehr gelernt als die Kleinen. Widmen Sie einen Samstag den Obdachlosen, und Sie werden ein Geheimnis lüften: Indem Sie anderen helfen, ihren Tag zu meistern, verschönern Sie Ihren eigenen.

Folgenden Artikel las ich einmal in einer britischen Zeitung:

## TEIL 3 – DEN TAG NACH GOTTES IDEE LEBEN

Die Chefs eines Verlages sind dabei herauszufinden, warum niemand bemerkt hat, dass einer ihrer Angestellten fünf Tage lang an seinem Schreibtisch saß, bevor auch nur ein Kollege ihn nach seinem Befinden fragte. George Turklebaum, 51, war seit 30 Jahren als Lektor für seinen Verlag tätig gewesen und erlitt in einem Großraumbüro einen Herzinfarkt, in dem mit ihm noch 23 Kollegen arbeiteten.

An einem Montag ist er ganz still aus dem Leben geschieden, und niemand bemerkte es, bis ihn am Samstag eine Reinigungskraft fragen wollte, ob er denn noch am Wochenende arbeiten müsse.

Drei Fragen drängten sich mir direkt auf: Kann so etwas wirklich geschehen? Und könnte es mir passieren? Kann ich den Kontakt zum Leben um mich herum so verlieren, dass ich unbemerkt sterben könnte?

Vielleicht sind Sie es, der andere Einsame rechtzeitig bemerkt. Das ist eine Last der Welt, die Sie auf sich nehmen, und dabei spüren Sie, dass Sie sich wieder selbst erfahren. Das Lächeln kehrt in Ihr Gesicht zurück, und Ihr Leben bekommt wieder eine Richtung. Nichts gibt Ihrem Tag eine größere Chance als eine Dosis Mitgefühl für andere.

## WIE AUS DEM TAG NOCH ETWAS WERDEN KANN

Nutzen Sie den Tag, indem Sie Gott bitten, Ihnen etwas von seiner Leidenschaft für die Menschen abzugeben. Beten Sie für jede Person, die Ihnen über den Weg läuft. Reagieren Sie nicht gleich sauer, wenn der Verkehr ins Stocken gerät, und ärgern Sie sich nicht wieder über die drangvolle Enge im Fahrstuhl. Das alles sind Gelegenheiten zum Gebet. Beten Sie doch einmal für die Menschen, von denen Sie umgeben sind. „Hört nie auf, zu bitten und zu beten" (Epheser 6,18). Nehmen Sie sich Epaphras zum Vorbild, von dem Paulus schreibt: „Er dient Jesus Christus und lässt nicht nach, für euch zu beten" (Kolosser 4,12). Er lässt nicht nach! Es muss ihm also ein Herzensanliegen gewesen sein.

Stoßen Sie Gespräche über Glaubensfragen an. Fragen Sie doch einmal, wenn es gerade passt, Freunde oder Verwandte: „Was glaubst du: Was passiert mit den Menschen nach dem Tod?" – „Wer ist Gott für dich?" Auch Jesus stellte solche Fragen: „Und für wen haltet ihr mich?" (Markus 8,29). So sollten wir es ihm gleichtun.

Lassen Sie uns lieben, weil Gott liebt. Mitmenschen können zwar immun gegen unsere Liebe sein. Lieben wir sie dennoch! „Wer Gott liebt, der muss auch seinen Bruder und seine Schwester lieben" (1. Johannes 4,21).

# 10. Entscheidung für ein Zeichen der Liebe

Dan Mazur hielt sich für einen glücklichen Menschen. Die Leute um ihn herum hielten ihn eher für ein bisschen verrückt. Zwei Stunden waren für den letzten Aufstieg zum Gipfel des Mount Everest veranschlagt, und nun war Mazur nur noch ein paar hundert Meter von der Erfüllung eines lebenslangen Traumes entfernt.

Jedes Jahr machen die ehrgeizigsten Abenteurer dieser Erde den Gipfel des Achttausenders zum Ziel ihrer Träume. Und jedes Jahr lassen einige davon ihr Leben. Der Gipfel ist berüchtigt für seine Ungastlichkeit. Bergsteiger bezeichnen den Bereich jenseits der 7000 Meter auch als „Todeszone".

Temperaturen weit unter null. Plötzlich aufkommende Stürme wirbeln Schneemassen auf, die jede Sicht nehmen. Kaum Sauerstoff zum Atmen. Und so ist diese Gipfelregion ein Friedhof. Erst zehn Tage zuvor war hier ein Brite ums Leben gekommen. Vierzig Bergsteiger, die ihm hätten helfen können, entschieden sich, ihn seinem Schicksal zu überlassen. Sie zog es hinauf zum Gipfel.

Der Everest kann grausam sein.

Und dennoch – Mazur war überglücklich. Gemeinsam mit zwei Kameraden hatte er den Gipfel unmittelbar vor Augen – nach Jahren der Planung. Sechs Wochen Aufstieg. Und nun, um 7.30 Uhr, am 25. Mai 2006: Es herrscht vollkommene Stille, strahlende Morgensonne. Noch immer Kraft für die letzten Meter und grenzenlose Zuversicht.

Da plötzlich ein gelber Punkt im Augenwinkel drüben am Grat. Mazur glaubte erst an ein Zelt. Aber es war ein Mensch, der gefährlich nah am Rand eines Steilhangs stand. Der Mann trug keine Handschuhe mehr, seine Jacke war vorn offen. Hände und Brust waren der Kälte ausgesetzt. Sauerstoffmangel kann zu Hirnschwellungen führen und Halluzinationen auslösen. Mazur war klar, dass dieser Mann völlig orientierungslos umherirrte. Also ging er zu ihm und sprach ihn an.

## 10. Entscheidung für ein Zeichen der Liebe

„Kannst du mir sagen, wie du heißt?"

„Klar", antwortete der Mann und grinste. „Ich bin Lincoln Hall."

Mazur war verblüfft. Den Namen kannte er. Vor etwa zwölf Stunden hatte er über Funk gehört, Lincoln Hall sei am Berg verunglückt. Seine Mannschaft habe ihn tot am Abhang zurückgelassen.

Und nun war dieser Hall nach einer Nacht mit 20 Grad minus und kaum Sauerstoff immer noch am Leben! Mazur stand einem Wunder aus Fleisch und Blut gegenüber.

Aber er musste auch eine Entscheidung treffen. Ein Rettungsversuch brachte unkalkulierbare Risiken mit sich. Der Abstieg war ohnehin heikel, und es würde erst recht gefährlich werden mit der Last eines halb toten Mannes auf den Schultern. Und außerdem: Wie lange hätte Hall noch zu leben? Niemand konnte das sagen. Womöglich würden die drei Bergsteiger ihr Ziel für nichts und wieder nichts aufgeben. Sie mussten sich entscheiden: Sie konnten ihren Traum aufgeben oder Lincoln Hall.

Sie entschlossen sich, auf die Erfüllung ihres Traums zu verzichten. So kehrten sie dem Gipfel den Rücken zu und begannen den mühsamen Abstieg.

Wenn wir diese Geschichte lesen, stellt sich uns eine ganz persönliche Frage: Hätten wir genauso entschieden? Hätten wir ersehnte Ziele zugunsten einer fraglichen Rettungsaktion aufgegeben? Hätten wir unsere Träume platzen lassen, damit ein anderer vielleicht überlebt?

Fast täglich stehen wir vor Weggabelungen, an denen uns Entscheidungen abverlangt werden. Nicht unbedingt auf einem Achttausender, aber zu Hause in den eigenen vier Wänden, wenn es um den Ehepartner geht, um die Kinder, die Kollegen, um Schulkameraden und Geschwister in der Gemeinde. Da stehen wir oft genug vor heiklen Entscheidungen mit großer Tragweite. Und häufig ist die dahinterstehende Frage: Der andere oder ich?

Sollen die Eltern dort wohnen bleiben, wo das Kind in die beste Schule gehen kann, oder sollen sie wegziehen und der eigenen Karriere nachhelfen?

Soll der Schüler sich in der großen Pause zu den „Losern" stellen oder zu den coolen Typen?

## Teil 3 – Den Tag nach Gottes Idee leben

Soll die erwachsene Tochter an ihrem freien Tag shoppen gehen oder ihre Mutter im Heim besuchen?

Sobald Sie Ihre eigenen Träume aufgeben um eines anderen Menschen willen, verleugnen Sie sich selbst, wie Christus es ausdrückt. „Wer mir nachfolgen will, darf nicht mehr sich selbst in den Mittelpunkt stellen, sondern muss sein Kreuz auf sich nehmen und mir nachfolgen" (Matthäus 16,24).

Eigentlich klingt es unlogisch: Selbstverleugnung lässt den Tag gelingen.

Sind wir nicht davon überzeugt, dass es genau das Gegenteil ist? Soll ein Tag als gelungen und schön gelten, müssen wir uns doch selbst verwirklicht und unsere Träume ausgelebt haben. Aber sich selbst *verleugnen?* Die Werbung berieselt uns doch ständig mit dem Aufruf, uns pausenlos Genuss zu verschaffen.

Aber wie so oft sind Jesu Gebote kontrakulturell: Wenn die Gesellschaft uns hoch hinaufstreben lässt, weist Jesus uns die Niederungen zu. Und wenn die Welt rechts sagt, sagt Jesus links.

In seiner Weltordnung sind
> die Geringsten die Größten (Lukas 9,48),
> die Letzten die Ersten (Markus 9,35),
> und die besten Plätze nicht die, die wir anstreben sollen
> (Lukas 14,8-9).

Und nach seinen Geboten sollen wir
> andere höher achten als uns selbst (Römer 12,10),
> von anderen mehr halten als von uns selbst (Philipper 2,3),
> die andere Wange hinhalten, unseren Mantel weggeben und die
> zweite Meile mitgehen (Matthäus 5,39-41).

Gerade das letzte dieser Gebote hat damals bei den Juden einen Nerv getroffen. „Und wenn einer von dir verlangt, eine Meile mit ihm zu gehen, dann geh zwei Meilen mit ihm" (Matthäus 5,41). Die Menschen damals litten unter der Fremdherrschaft der Römer. Ihnen wurden hohe Steuern auferlegt, und sie mussten nach fremden Gesetzen leben. Dieser Zustand herrschte im Grunde, seit die Babylonier den

## 10. ENTSCHEIDUNG FÜR EIN ZEICHEN DER LIEBE

Tempel 586 v. Chr. zerstört und die Juden in die Gefangenschaft geführt hatten. Zwar kehrte eine kleine Schar Juden aus dem geografischen Exil in die Heimat zurück, aber die theologische und politische Entfremdung dauerte an, weil die Besetzung des Landes durch fremde Kulturen nicht enden wollte. Die Auseinandersetzung mit dem Heidentum und die vergebliche Ausschau nach dem ersehnten Messias kostete Kraft.

Und so gaben viele auf und verkauften sich an das jeweilige Herrschaftssystem. Andere wurden zu Aussteigern. Wie die Verfasser der Schriftrollen vom Toten Meer bei Qumran, die aus der „verdorbenen Welt" den Rückzug antraten. Wieder andere waren entschlossen, den Kampf aufzunehmen. Das Programm der Zeloten – der Widerstandskämpfer – war kurz und knapp: Sprich dein Gebet, schärf dein Schwert und kämpfe den heiligen Krieg.

Die Menschen damals in Israel glaubten also, drei Optionen zu haben: sich anzupassen, auszusteigen oder zurückzuschlagen.

Jesus aber konfrontierte sie mit einer vierten: Dient denjenigen, die euch hassen. Vergebt denen, die euch Unrecht tun. Setzt euch zuunterst an die Tafel. Trachtet danach, anderen zu dienen, und lasst euch nicht zuerst bedienen. Sucht nicht die Vergeltung, sondern die Freundlichkeit! Jesus vermittelte ihnen eine neue Idee: die Idee der Zweiten Meile.

Angehörige der römischen Truppen konnten auf legalem Wege jüdische Bürger dazu zwingen, für eine Meile ihr Gepäck zu tragen. Ein Befehl genügte, und schon musste der Bauer seine Feldarbeit unterbrechen oder der Bäcker sein Brot liegen lassen.

Und nun sagt Jesus: Leiste sogar mehr, als von dir verlangt wird. Wenn du eine Meile gegangen bist, dann bleib nicht stehen, sondern geh noch die zweite. Verblüffe den Fremden, indem du sagst: „Freund, ich habe noch nicht genug für dich getan. Ich gehe noch eine zweite Meile mit dir." Tun Sie also mehr, als von Ihnen verlangt wird. Und tun Sie es freudig und würdevoll!

Auch heute gibt es noch Leute, die gerne die zweite Meile gehen. Sie sind es, die den Everest aufgeben, um einen Verunglückten nach Hause zu tragen.

Auch ein Architekt aus unserer Gemeinde gehört zu ihnen. Das Entwerfen von Häusern ist sein Beruf und anderen zu dienen seine Leiden-

## Teil 3 – Den Tag nach Gottes Idee leben

schaft. Er kommt immer eine Stunde vor Gottesdienstbeginn und über-
prüft, ob in den Herrentoiletten alles in Ordnung ist. Er wischt bei
Bedarf noch einmal die Waschbecken sauber, reibt die Spiegel blank
und sieht nach, ob die Toilettenbecken gereinigt und Papierrollen vorrä-
tig sind. Niemand hat ihn darum gebeten, und nur wenige wissen
überhaupt, dass er diesen Dienst tut. Er erzählt es nicht herum, und er
erwartet keine Anerkennung dafür. Ihm ist es wichtig, die zweite Meile
zu gehen.

Dann ist da noch unsere Kindermitarbeiterin. Zu jeder Kinderstunde
bringt sie aufwendig gebastelte „Kleinigkeiten" für die Kleinsten mit,
um ihnen eine Freude zu machen. Und dabei geht sie immer die be-
wusste zweite Meile, indem sie sich zusätzlich noch etwas Besonderes
ausdenkt. Bei dem Thema: „Wie gehe ich in den Fußspuren von Jesus",
backte sie Plätzchen und formte jedes Einzelne wie einen Fuß. Und die
zweite Meile war für sie, dass sie jeden Zehennagel mit Zuckerguss ver-
zierte. Wer macht sich schon so viel Mühe?

Menschen mit der „Zwei-Meilen-Mentalität" schon. Sie putzen die
Toiletten, dekorieren Kekse ... und richten Spielzimmer für die Kinder
im Viertel ein. Das taten Bob und Elsie. Sie kauften einen Billard-Tisch,
eine Tischtennisplatte und einen Kicker – und stellten so ein kleines
Paradies für Kinder zusammen.

Nicht so ungewöhnlich, meinen Sie? Ach, ich vergaß, ihr Alter zu er-
wähnen. Sie waren schon über siebzig. Und sie taten es, weil sie ein Herz
für alleingelassene Kinder und Jugendliche in der Nachbarschaft hatten.
Sie selbst hatten noch nie im Leben Tischtennis oder Billard gespielt,
aber die kubanischen Einwandererkinder in ihrer Nachbarschaft taten
es leidenschaftlich gern. Und so sieht man noch heute Bob mit seinem
Cadillac umherfahren und Kinder aufsammeln, die von allen anderen
vergessen worden sind.

Das sind Menschen, die bereit sind, die zweite Meile zu gehen. Ich
will Ihnen sagen, woran man sie erkennt. Man erkennt sie nicht an Uni-
formen oder Abzeichen, sondern an ihrem Lächeln. Sie haben nämlich
ein Geheimnis gelüftet: Extramühe entfaltet Lebensfreude. Und Glück
stellt sich nicht so sehr ein, wenn man seinen Everest besteigt, sondern
viel eher, wenn man einen Bergsteiger rettet.

## 10. Entscheidung für ein Zeichen der Liebe

Diese Menschen lesen Jesu Gebot: „Geben macht glücklicher als Nehmen" (Apostelgeschichte 20,35), und nicken bestätigend. Sie wissen aus eigener Erfahrung, dass folgende Aussage wahr ist: „Wer sich an sein Leben klammert, der wird es verlieren. Wer es aber für mich einsetzt, der wird es für immer gewinnen" (Matthäus 10,39).

Die Bereitschaft, die zweite Meile zu gehen, birgt eine Quelle für Glück und Zufriedenheit. Nehmen wir ein Beispiel: Versetzen Sie sich in die Lage einer Zwölfjährigen, die vor einem Berg Abwasch steht. Sie hat keine Lust und möchte viel lieber mit den Freundinnen spielen oder fernsehen. Aber die Mutter hat nicht mit sich reden lassen: Der Abwasch wird gemacht!

Sie verzieht das Gesicht, seufzt und stöhnt und überlegt schon, von wem sie sich adoptieren lassen könnte. Doch dann plötzlich – wer weiß, woher – kommt ihr ein Gedankenblitz: Warum nicht die Mutter überraschen und nicht nur den Abwasch machen, sondern gleich noch die ganze Küche putzen! Ein Lächeln legt sich über ihr Gesicht. „Ich wische auch noch die Schränke aus und putze die ganze Küche!" Und von irgendwoher kommt plötzlich die Kraft – ein Energiestoß, der die Arbeit schnell von der Hand gehen lässt. „Der Kühlschrank könnte auch mal ausgemistet werden!" Die öde Pflicht wird zum Kick. Wie kommt das? Es ist die große Befreiung. Die Tochter ist nun nicht mehr Empfängerin und Ausführende von Befehlen, sondern eine freie Mitarbeiterin mit eigener Initiative.

Das ist Freude an der zweiten Meile.

Haben Sie diese Freude schon selbst erlebt? Die Zeit an einem öden Tag kriecht dahin, während Sie artig Ihre Pflichten erledigen. Gewiss, Sie tun, was von Ihnen verlangt wird, aber es langweilt Sie fast zu Tode. Sehnsüchtig erwarten Sie das Wochenende, an dem Sie endlich das tun können, was Sie selbst wollen. Aber geben Sie doch schon dem heutigen Tag eine Chance und tun etwas zusätzlich auf eigene Initiative! Von Ihrer Einstellung hängt alles ab.

*Tun Sie täglich etwas, wofür man Sie nicht entlohnt.*

In seinen letzten Tagen war Jesus noch einmal in Bethanien zum Essen eingeladen. Seine Freunde Lazarus, Maria und Marta waren auch da. Schon in wenigen Tagen würde er die Peitsche der Römer zu spüren bekommen, aber an diesem Abend freute er sich noch einmal an der Liebe und Zuneigung seiner Freunde.

Maria genügte es jedoch nicht, beim Essenauftragen zu helfen. „Da nahm Maria ein Fläschchen mit reinem, kostbarem Nardenöl, goss es über die Füße Jesu und trocknete sie mit ihrem Haar. Der Duft des Öls erfüllte das ganze Haus" (Johannes 12,3).

Ein Mann mit der *Ein*-Meilen-Mentalität namens Judas kritisierte ihr Tun als Verschwendung. Jesus aber beurteilte dies anders. Er deutete diese Geste als außergewöhnliches Zeichen der Zuneigung, denn eine Freundin gab ihr Wertvollstes her.

Nehmen Sie sich ein Beispiel an Maria!

Vielleicht ist in Ihrem persönlichen Umfeld oder in der Nachbarschaft ein Mann, der gerade seine Frau verloren hat. Eine Stunde, die Sie ihm widmen, bedeutet für ihn das größte Glück.

Sie wissen von Kindern, die keinen Vater haben. Es ist keiner da, der sie mal ins Kino mitnimmt oder zum Fußball. *Sie* könnten es vielleicht tun. Die Kinder werden es Ihnen nicht vergelten können, denn sie können sich noch nicht einmal das Popcorn oder die Cola leisten. Aber sie werden übers ganze Gesicht strahlen.

Oder warum in die Ferne schweifen? Sie teilen vielleicht mit jemand Tisch und Bett. Verblüffen Sie diesen Menschen doch einmal mit noch mehr Zuwendung als sonst – mit etwas Ausgefallenem. Sie helfen im Haushalt, ohne zu murren. Sie bringen einen heißen Kaffee ans Bett oder schreiben einen Liebesbrief ganz ohne Anlass. Das alles ist für Sie vielleicht verschwendetes Duftöl, aber es ist auch ein Zeichen der Liebe.

Wollen Sie den Tag aus den Fängen der Langeweile retten? Dann seien Sie großzügig mit Liebesdiensten. Zeigen Sie sich mehr als nötig erkenntlich. Seien Sie zuvorkommend, ohne auf Vorteile zu hoffen. Und tun Sie etwas, wofür Sie keinen Lohn erwarten können.

*Überwinden Sie Ihr Ego.*

Mose tat es vor Ihnen. Von diesem großen Anführer der Menschheitsgeschichte heißt es: „Er war ein zurückhaltender Mann, demütiger als alle anderen Menschen auf der Welt" (4. Mose 12,3).

Maria tat es. Als sie erfuhr, dass sie den Herrn gebären würde, prahlte

## 10. Entscheidung für ein Zeichen der Liebe

sie nicht, sondern bekannte bescheiden: „„Ich will mich dem Herrn ganz zur Verfügung stellen"" (Lukas 1,38).

Auch Johannes der Täufer tat es. Obgleich er ein Blutsverwandter Gottes auf Erden war, begnügte er sich: „„Christus soll immer wichtiger werden, und ich will immer mehr in den Hintergrund treten"" (Johannes 3,30).

Und allen voran überwand Jesus sein Ego. „Aber wir sehen, dass Gott seinen Sohn Jesus, der für eine kurze Zeit *niedriger war als die Engel*, mit Ruhm und Ehre gekrönt hat" (Hebräer 2,9). Er verzichtete auf das, was ihm als Gottessohn zustand. Jesus entschied sich fürs Arbeiterquartier und nicht für die Chefetage. Können wir das nicht auch?

Wir sind zwar wichtig, aber nicht entscheidend. Wir sind wertvoll, aber nicht unersetzbar. Wir spielen eine Rolle im Stück, aber nicht die tragende. Wir singen im Chor, aber nicht das Solo.

Das ist Gott vorbehalten.

Er hat alles schon gut gemacht, bevor wir geboren waren, und ihm wird es weiterhin gelingen, wenn wir nicht schon gestorben sind. Er hat alles in Gang gesetzt, er hält alles in Gang und wird es zu einem strahlenden Abschluss bringen. In der Zwischenzeit haben wir die Freiheit, unsere Achttausender unbestiegen zu lassen, aus eigenem Antrieb die doppelte Strecke zu gehen, Arbeit ohne Lohn zu leisten, uns selbst hintanzustellen, unser Kreuz auf uns zu nehmen – und Christus nachzufolgen. Ja, wir tun es aus einer freien Entscheidung heraus!

Lincoln Hall überlebte den Abstieg vom Mount Everest. Und Dan Mazur ist es zu verdanken, dass er Frau und Söhne in Neuseeland wieder in die Arme schließen konnte. Ein Fernsehreporter fragte Lincolns Frau, was sie über die Retter denke, die auf ihr Gipfelerlebnis verzichteten, um das Leben ihres Mannes zu retten. Sie bemühte sich, eine Antwort zu geben, aber brachte vor Rührung kein Wort heraus. Erst nach einigen Augenblicken und mit Tränen in den Augen brachte sie hervor: „Wunderbare Menschen sind es! Die Welt bräuchte mehr davon."

Sollten wir Christen nicht zu diesen wunderbaren Menschen zählen?

## WIE AUS DEM TAG NOCH ETWAS WERDEN KANN

„Mach uns bewusst, wie kurz unser Leben ist, damit wir endlich zur Besinnung kommen" (Psalm 90,12).

Wäre heute der letzte Tag Ihres Lebens, wie würden Sie ihn verbringen?

Es ist wie bittere Medizin, den Tod vor Augen zu haben, aber den meisten von uns würde ein Löffel davon guttun. Es wäre für uns ein Gewinn, hin und wieder an unser Ende erinnert zu werden. Es macht mir keinen Spaß, derjenige zu sein, der dies in Erinnerung ruft, aber wir sollten uns stets vor Augen führen: Wir sind heute unserem Tod einen Tag näher als gestern.

Wäre heute Ihr letzter Tag, würden Sie tun, was Sie sich heute vorgenommen haben? Oder würden Sie intensiver lieben, mehr schenken und umfangreicher vergeben? Dann tun Sie es doch! Vergeben Sie und schenken Sie, als wäre es Ihre letzte Gelegenheit. Lieben Sie, als gäb's kein Morgen, und wenn Ihnen dennoch ein neuer Tag geschenkt wird, dann tun Sie es halt wieder!

# SCHLUSSBEMERKUNGEN:

# EIN GRÜNES HÄLMCHEN IM GRAU DES ALLTAGS

*„Richtet eure Gedanken auf Gottes
unsichtbare Welt und nicht auf das,
was die irdische Welt zu bieten hat"*
(Kolosser 3,2).

Schmutz auf dem Fußboden. Ratten überall. Kakerlaken in den Nischen, die nachts über die Gefangenen krabbeln. Die einzige Lichtquelle sind drei Löcher in der Decke, viereinhalb Meter hoch. Kein Bett, kein Tisch, kein Stuhl – und keine Chance zu entkommen. Über sieben Jahre halten Nordvietnamesen den amerikanischen General Robert Risner und seine Kameraden schon unter solchen Umständen in einem Lager bei Hanoi gefangen – wie in einem Zoo.

Elend Tag für Tag. Einzelhaft, Hunger, Folter und Schläge. Bei den regelmäßigen Verhören werden gebrochene Beine erneut verdreht, die Haut mit Bajonetten geschlitzt ... Und die Schreie der Gequälten sorgen dafür, dass den Kameraden das Blut in den Adern gefriert. Lesen Sie, wie Risner es mit eigenen Worten beschreibt: „Alles war Trostlosigkeit und Trauer. Verzweiflung in ihrer reinsten Form. Hätte man die letzten Gefühle aus dieser Verzweiflung gewrungen wie aus einem alten Scheuerlappen, es wäre nicht viel mehr übriggeblieben in uns – eine graue Masse, grau wie Blei, Matsch und Dreck."

Wie überlebt man siebeneinhalb Jahre in solch einem Loch? Abgeschnitten von der Familie. Keine Nachricht aus der Heimat. Was tut man in solch einer Situation? Lesen Sie, was Risner tat: Er starrte einen Grashalm an. Zwei Tage nach seiner Gefangennahme entdeckte er ein Loch im Boden seiner auf Stützen stehenden Baracke, das gerade groß genug war, um, bäuchlings auf dem Boden liegend, wie durch ein Schlüs-

## LIMONADENREZEPTE FÜR ZITRONENTAGE

selloch zu spähen. Dort unten wuchs ein einzelner Grashalm, und dessen grüner Schimmer war der einzige Farbtupfer in seiner sonst so trostlosen Welt. So begann er jeden Tag mit einem Blick durch das Loch im Boden und starrte auf das grüne Hälmchen, während er betete. Eine „Bluttransfusion für die Seele" nannte er es.

Sie müssen nicht in Hanoi gefangen sein, um solch ein Leben zu führen, „eine graue Masse, grau wie Blei, Matsch und Dreck". Wissen Sie aus Erfahrung, was es heißt, in einer tristen Welt zu leben? Wenn ja, dann folgen Sie Risners Beispiel. Gehen Sie auf die Suche. Auch Ihre „Zelle" hat gewiss Löcher in den Wänden – oder im Fußboden. Spähen Sie hindurch und fixieren Sie einen Farbfleck dort draußen.

Worauf Sie Ihren Blick richten, bestimmt die Welt in Ihrem Innern. „Das Auge gibt dir Licht. Wenn deine Augen das Licht einlassen, wirst du auch im Licht leben. Verschließen sich deine Augen dem Licht, lebst du in Dunkelheit. Wenn aber das Licht in deinem Innern erloschen ist, wie tief ist dann die Finsternis" (Matthäus 6,22-23).

Jesus spricht hier nicht von den Augen im Kopf, sondern von den Augen des Herzens – die Einstellung, die Erwartung, die Sicht vom Leben. Wie General Risner treffen wir jeden Tag unsere Entscheidungen. Entweder starren wir ins Grau unseres oft so tristen Alltags, oder wir halten Ausschau nach dem grünen Hälmchen, dessen Farbigkeit neue Hoffnung spendet. Und wie entscheiden Sie sich?

Jerry Rushford, Dozent an der Universität, veranstaltet jedes Jahr einen Kongress im kalifornischen Malibu. Dabei schafft er es immer wieder, die Redner und Tausende von Teilnehmern zufriedenzustellen und alle Veranstaltungen nahezu reibungslos zu koordinieren. Dennoch gibt es jedes Jahr einige Teilnehmer, die das berüchtigte Haar in der Suppe finden. Deshalb gewöhnte es sich Jerry an, zum Ende der letzten Veranstaltung folgenden Satz mit einem Augenzwinkern zum Besten zu geben: „Wenn Sie in diesen Tagen intensiv und lange genug gesucht haben, dann, so bin ich sicher, werden Sie etwas gefunden haben, was Ihnen missfallen hat, und so hoffen wir jedes Jahr inständig, dass Sie sich damit zufriedengeben, nur nach dem Guten Ausschau zu halten."

*Wenn Sie intensiv und lange genug gesucht haben, dann werden Sie etwas gefunden haben, was Ihnen missfallen hat.*

Adam und Eva ging es so. Ist der Biss in die verbotene Frucht nicht ein Zeichen von Unzufriedenheit? Umgeben von Schätzen, die ihre Bedürfnisse stillten, richteten sie ihren Blick auf das Wenige, das ihnen versagt bleiben sollte. Und endlich fanden sie etwas, worüber sie sich beklagen konnten.

Die Männer und Frauen, die Mose folgten, waren nicht anders. Sie hätten die großen Wunder vor Augen haben können, die sie erlebt hatten: das Schilfmeer, das ihnen zur Straße wurde; die Feuersäule, die ihnen die Nacht erhellte; das Manna, das im Morgenlicht schimmerte; und die Wachteln, die abends vom Himmel fielen. Stattdessen kreisten ihre Gedanken ständig um alles, was ihnen vermeintlich fehlte. Dabei malten sie sich aus, wie schön es in Ägypten einmal war. Die Wüste aber, das sei nichts für sie. Und so fanden sie immer etwas, an dem sie rummeckern konnten.

Wie steht es mit Ihnen? Worauf richten Sie Ihren Blick? Auf die eine Frucht, die Sie nicht vertragen und deshalb nicht essen dürfen, oder auf die Berge von Obst, die Ihnen wohlbekommen? Auf Gottes Plan oder auf Ihre Probleme?

> „Schließlich, meine lieben Brüder und Schwestern, orientiert euch an dem, was wahrhaftig, gut und gerecht, was redlich und liebenswert ist und einen guten Ruf hat, an dem, was auch bei euren Mitmenschen als Tugend gilt und Lob verdient" (Philipper 4,8).

Das bedeutet nicht, immer alles durch die rosarote Brille sehen zu wollen. Wir sollen den Blick keineswegs verfälschen, jedoch unsere Einstellung neu ausrichten. Wir sehen zwar realistisch ein zur Hälfte gefülltes Glas, aber haben dennoch die Freiheit zu entscheiden, ob es halb voll oder halb leer ist. Und wenn wir mit der Sichtweise Gottes sehen, werden wir Dinge erkennen, die himmlischen Ursprungs sind – die Hand Gottes auch mitten in Krankheit und Not. Der Heilige Geist hilft uns, die Dinge, wie sie nun einmal sind, aus himmlischer Sicht zu interpretieren. Das Leben ist mehr als das, was vor Augen ist. Es bedarf der Deutung, und die nehmen wir selber vor.

Also lassen Sie uns, auch von den Umständen abgesehen, erkennen:

## LIMONADENREZEPTE FÜR ZITRONENTAGE

„Er wird euch die Kraft geben, im Glauben festzubleiben und das Ziel zu erreichen" (1. Korinther 1,8).

Wir glauben nun, „dass Gott sein Werk, das er bei euch begonnen hat, zu Ende führen wird, bis zu dem Tag, an dem Jesus Christus kommt" (Philipper 1,6).

Und wir vertrauen nun, da wir mit der Sichtweise des Geistes sehen, unserem Erlöser, wenn er sagt: „Zu jeder Zeit tut mein Vater Gutes'" (Johannes 5,17).

Da Gott stets unser Leben gestaltet, ist jede Nachricht, die uns erreicht, immer nur die halbe Wahrheit, und selbst die Diagnose des Arztes ist nur seine Meinung, der eine persönliche Interpretation zugrunde liegt.

Wir Christen sehen die Menschen anders, weil unsere innere Haltung zu den Dingen eine andere ist. Wir geben das Kind mit der Lernstörung nicht auf, nicht den Ehepartner mit dem Alkoholproblem und auch nicht den Prediger, der vom Stolz zerfressen ist. Wir geben die Menschen nicht auf, denn wir wissen, dass unter dem Fußboden unserer Hütte, die uns noch gefangen hält, ein Grashälmchen wächst, auf das wir unverwandt blicken, um uns zu trösten.

Niemand behauptet, dass es einfach ist, sich mit so Geringem zu trösten. Seit fünf Jahren lebt meine Mutter in einem Seniorenheim ganz in unserer Nähe. In den ersten Monaten entdeckte ich wenig Hoffnungsvolles beim Anblick all der Falten, Gehwagen, Rollstühle und Prothesen im Zahnglas. Jeder Besuch war eine niederschmetternde Erinnerung an die zunehmende Hinfälligkeit meiner Mutter.

Dann aber versuchte ich, die Botschaft dieses Buches in die Tat umzusetzen: Ich wollte jedem Tag eine Chance geben – selbst den Tagen, die meine Mutter im hohen Alter erlebte. Und nach und nach entdeckte ich Grashalme der Hoffnung:

Da ist die Hilfsbereitschaft von Elaine, die mit ihren 87 Jahren beim Essen neben meiner Mutter sitzt und alles, was auf dem Teller ist, in mundgerechte Häppchen schneidet.

Ich denke an Lois, fast achtzig, mit ihrem Elan, die trotz ihrer Arthritis in beiden Knien freiwillig die Aufgabe übernimmt, täglich zum Frühstück allen den Kaffee einzuschenken.

## Ein grünes Hälmchen im Grau des Alltags

Da ist die jahrzehntealte Liebe von Joe und Barbara. Siebzig Jahre sind sie ... nein, nicht am Leben, sondern verheiratet. Sie schieben sich abwechselnd im Rollstuhl, wenn einer zu erschöpft ist. Die Arthritis hat Barbaras Gelenke mächtig anschwellen lassen. Und wir sind erst kurz im Gespräch, da zeigt Joe mir ihre Hand und spricht von seiner Sorge um sie.

Ich denke an Bob, der nach einem Schlaganfall nicht mehr reden kann und halbseitig gelähmt ist. Eine Fotografie an der Wand zeigt einen jüngeren Bob in eleganter Uniform. Er war es gewohnt, Befehle zu geben und Truppen zu kommandieren. Heute betätigt seine gesunde Hand einen Joystick, um seinen Rollstuhl zu kommandieren. Und so fährt er von Tisch zu Tisch, um jedem einen guten Tag zu wünschen. Alle wissen, was er meint, obgleich seinem Mund nur ein dumpfes Zischen entfährt.

Am Anfang sah ich nur Vergreisung, Krankheit und schwindende Kräfte. Inzwischen erkenne ich mehr hinter dem äußeren Schein: Zuneigung, Lebensmut und Selbstlosigkeit.

Wie geht es Ihnen? Sieht Ihre Welt manchmal so trostlos aus wie General Risners Zelle über dem Balkenboden? Selbst der Garten Eden erscheint dem ein oder anderen als mangelhafter Ort. Aber Sie müssen es nicht so sehen! Nehmen Sie sich ein Beispiel an jenem Mann, der buchstäblich ein Gefangener seiner Umstände war. Geben Sie jedem neuen Tag die Chance, ein guter Tag zu werden. Spähen Sie durch das Loch im Boden Ihres Gefängnisses, und entdecken Sie, dass unter Ihnen im Schatten ein Grashälmchen wächst. Sobald Sie es aber gefunden haben, verlieren Sie es nie wieder aus dem Blick.

# NACHGEHAKT

## 1. LIMONADENREZEPTE FÜR ZITRONENTAGE – JEDER TAG VERDIENT SEINE CHANCE

### FRAGEN ZUR VERTIEFUNG

1. Das Krankenbett oder der Rollstuhl wird wohl zum ständigen Begleiter! Das Gefängnis der eigenen, erdrückenden Gedanken nimmt einen erneut gefangen. Die Friedhofserde ist noch frisch, die Entlassungspapiere stecken noch in der Tasche, die andere Seite des Bettes ist noch immer verwaist. Wer erwartet schon etwas Positives von einem solchen Tag?
Die meisten erwarten dann nichts mehr. Aber sollten wir es nicht dennoch versuchen?
   a) Beschreiben Sie den schlimmsten Tag des vergangenen Jahres. Was hat dazu beigetragen, dass er so unangenehm war?
   b) Ist es Ihnen vielleicht dennoch gelungen, noch einen guten Tag daraus zu machen? Wenn ja, wie?

2. Gott hatte also auch *diesen* Tag gemacht? Er hatte diesen herzzerreißenden Augenblick mit allen Details geplant? Wenn uns etwas tief berührt und beunruhigt, geschieht dies nicht, weil Gott gerade Urlaub macht! Er hat keineswegs den Dirigentenstab aufs Pult gelegt und sich in den Pausenraum verzogen. Nein, er hält den Steuerknüppel fest in der Hand und sitzt noch immer auf dem einzigen Thron des Universums.
   a) Wenn Gott auf dem Thron des Universums sitzt, warum lässt er dann überhaupt zu, dass es schlechte Tage gibt?
   b) Glauben Sie, dass Gott auch die schlechten Tage fügt?

3. Aufs Gestern ist der Zugriff verweigert ... Und auch auf das Morgen lässt sich nicht unmittelbar zugreifen ... Heute ist der einzige Tag, an dem Sie handeln können. Und es ist der Tag, den der Herr gemacht hat. Kosten Sie ihn voll aus.

a) Wozu neigen Sie mehr – das Gestern zu betrauern oder das Morgen zu fürchten? Begründen Sie.

b) Was müssten Sie ändern, damit Sie noch bewusster im Hier und Jetzt leben?

4. Wenden Sie sich an Gott. Der Ewige, der die Zeit erschaffen hat, weiß etwas dazu zu sagen. Und er gibt uns in seiner Heiligen Schrift eine Formel an die Hand, mit der wir unsere Tage optimal gestalten können: *Den Tag in Gottes Gnade tauchen ... Den Tag in seine Obhut geben ... Seine Führung akzeptieren.*

a) Welcher Teil dieses göttlichen Rezepts für einen guten Tag fällt Ihnen am schwersten zu befolgen? Woran könnte das liegen?

b) Geben Sie Beispiele, wann Sie das eine oder andere davon getan haben. Wie hat es Ihren Tag verändert?

## BIBLISCHE IMPULSE

1. Lesen Sie Psalm 118,24.

a) Welchen Tag hat Gott diesem Vers zufolge gemacht?

b) Wozu diese Betonung? Warum genügt es nicht, einfach zu sagen, Gott habe *alle* Tage gemacht?

c) Wenn Gott diesen einen Tag gemacht hat, was muss dieser dann für Eigenschaften haben?

d) Beachten Sie, dass es nicht heißt: „Wir sollten uns eigentlich freuen", sondern: „Lasst uns freuen!" Worin besteht der Unterschied?

2. Lesen Sie Psalm 145,1-4.

a) Was will der Verfasser nach eigenen Worten jeden Tag tun?

b) Warum will er das tun?

c) Wie wird sich das auf zukünftige Generationen auswirken?

LIMONADENREZEPTE FÜR ZITRONENTAGE

## 2. BARMHERZIGKEIT FÜR TAGE VOLLER SCHAM UND SCHANDE

*FRAGEN ZUR VERTIEFUNG*

1. Es ist ein Zuspruch der Gnade gewesen. Gnade aus Liebe. Unverdient. Unerwartet: „Noch heute wirst du mit mir im Paradies sein" (Lukas 23,43).
   a) Warum ist der Zuspruch der Gnade unverdient?
   b) Wie haben Sie die Gnade Christi persönlich erfahren?

2. Im Paradies gibt es keine Bürger zweiter Klasse. Der reuige Verbrecher betritt es auf demselben roten Teppich wie Christus.
   a) Was ist damit gemeint: *Im Paradies gibt es keine Bürger zweiter Klasse?*
   b) Halten Sie es für fair, wenn *der Verbrecher das Paradies auf demselben roten Teppich wie Christus betritt?* Begründen Sie Ihre Antwort.

3. So wird aus der Anhöhe, die eine Stätte des Todes war, ein Berg der Verklärung.
   a) Wodurch konnte das geschehen? Wer wurde verklärt (verwandelt)? Und wie geschah das?
   b) Wie wird Ihre „Hinrichtungsstätte" – der Ort, an dem Sie für Ihre Schuld einstehen – zu einem Ort der Verwandlung? Was ändert sich dadurch für Ihr Leben?

4. Was sehen sie? Tod. Was fühlen Sie? Schande. Was höre Sie? Ah, das ist die eigentliche Frage: Was hören Sie? Gelingt es Ihnen, Jesu Stimme zwischen all den Rufen der Ankläger herauszuhören? Und hören Sie die wunderbare Verheißung: „Noch heute wirst du mit mir im Paradies sein."
   a) Was können Sie dafür tun, dass Sie Jesu Stimme unter all den Anklagen nicht überhören?
   b) Warum ist es so wichtig, Jesu Stimme zu hören, nachdem Sie Fehler gemacht haben?

## NACHGEHAKT

5. *Wir* sind auf dem falschen Weg. *Er* ist auf dem richtigen. *Wir* sündigen. *Er* ist der Erlöser. *Wir* brauchen Gnade. *Jesus* kann sie schenken.

   a) Fällt es Ihnen schwer, Gott einzugestehen, dass Sie auf dem falschen Weg waren? Können Sie sich an einen konkreten Anlass für solch ein Ereignis erinnern?

   b) Woran erkennen Sie Menschen, die wissen, Gnade erfahren zu haben?

### BIBLISCHER IMPULS

1. Lesen Sie Lukas 23,38-43.

   a) Wenn Sie über diese Szene nachdenken, mit wem identifizieren Sie sich dann am meisten. Warum?

   b) Wie dachte der zweite Verbrecher von seinen Taten? Was hielt er von Jesus und seiner Reaktion?

   c) Was verlangte der zweite Verbrecher von Jesus?

   d) Wie reagierte Jesus darauf?

2. Lesen Sie 1. Petrus 2,4-6.

   a) Wer ist der „lebendige Stein" in diesem Text? Was sagt der Name über die Person aus?

   b) Wie unterschiedlich kann man sich dem „lebendigen Stein" gegenüber verhalten? Zwei Reaktionen sind in Vers 4 beschrieben. Welche?

   c) Welche Verheißung wird uns in Vers 5 gegeben? Warum ist das wichtig?

   d) Welche Verheißung wird in Vers 6 ausgesprochen? Was bedeutet das für Sie?

LIMONADENREZEPTE FÜR ZITRONENTAGE

## 3. DANK FÜR TAGE VOLLER PECH UND PANNEN

*FRAGEN ZUR VERTIEFUNG*

1. Ein Tag im Leben eines Hundes und ein Tag im Leben einer Katze. Der Hund ist im Reinen mit sich und der Welt. Die Katze aber fügt sich nur widerwillig in ihr Schicksal. Der eine lebt in Frieden, die andere im kontinuierlichen Kriegszustand. Er ist dankbar, sie durchweg schlecht gelaunt. Beide unter demselben Dach. Dieselben Lebensumstände. Dieselben Herren. Und doch zwei ganz unterschiedliche Einstellungen. Welches der beiden Tagebücher entspräche eher Ihrem eigenen?

a) Wie beantworten Sie diese Frage ganz persönlich? Begründen Sie Ihre Antwort.

b) Wenn Ihre eigenen Tagebucheinträge einen anderen Charakter bekommen sollten, was müssten Sie in Ihrem Leben ändern?

2. Dankbarkeit erwächst aus der Gnade Gottes. Und wem Gnade zuteil wird, der müsste eigentlich gar nicht umhin können, seine Dankbarkeit auch auszudrücken. Ein solches Verhalten ist so selbstverständlich, dass Jesus sich wunderte, als sie ausblieb, nachdem er zehn Aussätzige geheilt hatte.

a) Warum ist Dankbarkeit die folgerichtige Antwort derer, die Gnade empfangen haben?

b) Warum ist Jesus so verwundert, dass diejenigen, die so viel geschenkt bekommen haben, keine Dankbarkeit zeigen? Wie oft wird Jesus sich über Sie wundern?

3. Dankbarkeit wendet unseren Blick von den Dingen weg, die wir zu vermissen glauben, die wir zu bemängeln haben, in unser Bewusstsein rücken all die Segnungen, die uns zuteil geworden sind. Nichts treibt die graue Winterstimmung so gründlich aus unserem Leben wie der Frühlingshauch heiterer Dankbarkeit.

a) Welche Segnungen Gottes haben Sie diese Woche erlebt? In diesem Monat? In diesem Jahr?

b) Wie würden Sie sich auf einer Skala von 1 bis 100 (niemals – ständig) mit Ihrer Dankbarkeit Gott gegenüber einordnen?

**NACHGEHAKT**

4. Fehlt Ihnen ein bisschen Pep im Leben? Dann danken Sie doch Gott für jedes Problem, das sich Ihnen stellt.

   a) Gibt es auch bei Ihnen Tage, an denen es ein wenig eintönig ist und Sie womöglich dankbar für ein paar Herausforderungen wären?

   b) Fällt es Ihnen schwer, Gott für Probleme und Schwierigkeiten zu danken? Warum?

5. Joni wandte sich an die unzufriedenen Frauen in der Halle mit folgenden Worten: „Ich verstehe sehr gut, dass sich einige von Ihnen ziemlich unwohl in den engen Stühlen fühlen. Mir geht es genauso. Aber viele tausend Rollstuhlfahrer würden augenblicklich mit Ihnen tauschen wollen, wenn sie könnten."

   a) Wären Sie an diesem Tag in dem Saal gewesen, hätten Sie dann auch zu denen gezählt, die sich beschwerten? Erklären Sie, warum oder warum nicht?

   b) Wie reagieren Sie auf Jonis Worte? Müssen Sie schmunzeln? Fühlen Sie sich getroffen? Empfinden Sie Dankbarkeit?

**Biblischer Impuls**

1. Lesen Sie Lukas 17,11-19.

   a) Worum baten die zehn Männer Jesus? Wozu forderte er sie daraufhin auf?

   b) Wie viele hielten sich an Jesu Gebot? Und was geschah daraufhin mit ihnen?

   c) Einer von ihnen verhielt sich anders als der Rest. Warum ist es so bedeutungsvoll, dass er aus Samarien stammte?

   d) Wie zeigte dieser Eine Jesus seine Dankbarkeit?

   e) Welche Frage stellte Jesus ihm?

   f) Da der Mann bereits geheilt war (Vers 14), was bedeuten da Jesu abschließende Worte, die er in Vers 19 an ihn richtet?

2. Lesen Sie Kolosser 3,15-17.

   a) Welche Aufforderung wiederholt sich in allen drei Versen? Was will uns das sagen?

## LIMONADENREZEPTE FÜR ZITRONENTAGE

b) Warum ist es wichtig, dass auf die Dankbarkeit auch die Dank*sagung* folgt?

c) Warum beharrt Gott darauf, dass seine Kinder nicht nur Dankbarkeit empfinden, sondern sie auch zum Ausdruck bringen?

NACHGEHAKT

## 4. Vergebung für Tage voller Bitterkeit

*Fragen zur Vertiefung*

1. Hamstern Sie leidvolle Erlebnisse? Sammeln Sie Beleidigungen? Führen Sie Buch über jeden Affront? Sehen Sie doch einmal nach in den Winkeln Ihres Herzens.

   a) Was könnten die Gründe dafür sein, dass so viele Menschen leidvolle Erlebnisse hamstern?

   b) Was entdecken Sie diesbezüglich in Ihren eigenen Herzenswinkeln?

2. Er ist ein Mann, der Geschenke zwar nach außen hin entgegennimmt, aber eigentlich, innerlich, zu stolz dafür ist. Zum Herzen dringt nichts vor. Und so redet er sich ein, wieder einmal Glück gehabt zu haben und davongekommen zu sein.

   a) Kennen Sie Menschen, die zu stolz sind, Geschenke anzunehmen?

   b) Warum verrät die mangelnde Bereitschaft zu vergeben ein Herz, das seinerseits keine Vergebung annehmen wollte oder konnte?

3. An Apfelbäumen wachsen nun mal ausschließlich Äpfel und an Weizenhalmen wachsen Weizenkörner. Und Menschen, denen vergeben worden ist, bringen Vergebung hervor. Aus Gnade erwächst Gnade.

   a) Würden Sie sich als jemand bezeichnen, der Vergebung erfahren hat? Erklären Sie.

   b) Wie hat Gott Ihnen in letzter Zeit seine Gnade und Barmherzigkeit gezeigt? Haben Sie diese Barmherzigkeit anderen weitergegeben?

4. Vergebung heißt nicht, etwas zu billigen. Sie sanktionieren damit kein Fehlverhalten, sondern überlassen es lediglich einem anderen, objektiv zu richten – nämlich Gott, „der ein gerechter Richter ist" (1. Petrus 2,23).

   a) Kommt es Ihnen auch manchmal so vor, als würden Sie durch Vergebung ein Verhalten billigen? Warum hat man manchmal das Gefühl, man würde den „Schuldigen" davonkommen lassen, wenn man ihm/ihr vergibt?

## LIMONADENREZEPTE FÜR ZITRONENTAGE

b) Fällt es Ihnen für gewöhnlich eher leicht oder eher schwer, jemand, der schuldig an Ihnen geworden ist, der Gerechtigkeit Gottes zu überlassen? Erklären Sie.

### BIBLISCHE IMPULSE

1. Lesen Sie Matthäus 18,21-35.

a) Welche Frage von Petrus veranlasste Jesus, dieses Gleichnis zu erzählen? Was wollte Petrus wohl wirklich wissen?

b) Welches sind die Hauptcharaktere in diesem Gleichnis? Geben Sie eine Charakterisierung für jeden Einzelnen.

c) Wodurch geriet der Herr so außer sich? Wie verhielt er sich daraufhin?

d) Was ist die Hauptaussage dieses Gleichnisses nach Jesu eigenen Worten (Vers 35)?

e) Welche Fragen wirft dieses Gleichnis für Sie auf? Mögen Sie die Geschichte? Erläutern Sie.

2. Lesen Sie 1. Petrus 2,18-23.

a) Welches Beispiel hat Christus uns nach Vers 21 gegeben?

b) Wie wird Jesus in Vers 22 beschrieben? Warum ist diese Aussage so entscheidend für die Argumentation von Petrus?

c) Was unterließ Jesus, nachdem er ungerecht behandelt worden war (Vers 23)? Wie verhielt er sich stattdessen?

d) Als was wird Gott in Vers 23 bezeichnet? Warum ist es so wichtig, sich gerade daran zu erinnern, wenn wir ungerechtfertigt leiden?

NACHGEHAKT

## 5. FRIEDEN FÜR TAGE VOLLER BANGEN UND SORGEN

*FRAGEN ZUR VERTIEFUNG*

1. Sorgen und Ängste machen dasselbe mit der Lebensfreude, was ein Staubsauger mit dem Staub macht. Also achten Sie darauf, dass Sie den Schalter nicht drücken und die Sorgen Ihre Freude wegsaugen.
   a) Würden Sie sich selbst als Angsthasen beschreiben, der sich ständig Sorgen macht? Erläutern Sie.
   b) Wie gehen Sie normalerweise mit Sorgen um?

2. Ein schlichter Satz offenbart Gottes Vorsorge und Fürsorge: Lebe deine Tage – einen nach dem anderen.
   a) Leben Sie jeden Tag ganz bewusst – einen nach dem anderen?
   b) Beschreiben Sie eine Situation, bei der Sie sich viele Sorgen erspart hätten, wenn Sie nicht ständig an das Morgen gedacht hätten.

3. Die Ängste ziehen sich zurück, je mehr wir uns der Güte Gottes in unserem Leben erinnern!
   a) Wie hat Gott Ihnen schon seine Güte erwiesen? Wie oft sprechen Sie über seine Güte in Ihren Gebeten – im Stillen oder vor anderen?
   b) Beschreiben Sie eine schwierige Situation, die Sie dadurch überstanden haben, dass Sie sich erinnerten, wie oft Gott Ihnen schon geholfen hat.

4. Man kann nicht gleichzeitig beten und sich sorgen. Wenn wir dabei sind, uns Sorgen zu machen, dann beten wir auch nicht. Und wenn wir mit unserem himmlischen Vater im Zwiegespräch sind, dann fallen die Sorgen von uns ab.
   a) Ist es wirklich nicht möglich, zu beten und sich gleichzeitig Sorgen zu machen? Erklären Sie.
   b) Warum ist echtes Gebet, das von Herzen kommt, stärker als jede Sorge?

107

LIMONADENREZEPTE FÜR ZITRONENTAGE

5. Wenn Gott alles ist, was Sie brauchen, dann werden Sie immer genug haben, denn Gott ist immer da.

   a) Ist Gott alles, was Sie letztlich brauchen? Erläutern Sie.

   b) Glauben Sie, dass Gott immer für Sie da ist? Begründen Sie.

## BIBLISCHE IMPULSE

1. Lesen Sie Matthäus 6,25-34.

   a) Welches Gebot gibt Jesus in Vers 25? Welche Begründung gibt er dafür?

   b) Wie illustriert Jesus, was er sagt in Vers 26? Welche Fragen stellt er (Verse 26-28)?

   c) Welche Bilder benutzt Jesus in den Versen 28, 29 und 30?

   d) Worüber machen wir uns oft Sorgen (Vers 31)? Warum ist es wichtig, sich nicht so zu verhalten wie die in Vers 32 erwähnten Menschen?

   e) Was weiß Gott über unsere Bedürfnisse (Vers 32)?

   f) Welches Gebot spricht Jesus in Vers 33 aus? Was können Sie persönlich tun, um diesem Gebot zu folgen?

   g) Welchen letzten Grund nennt Jesus, sich nicht unnötig zu sorgen (Vers 34)?

2. Lesen Sie Hebräer 13,5-6.

   a) Was sagt Vers 5 zum Thema Geld? Kommen Sie dieser Aufforderung nach?

   b) Womit sollen wir uns nach Vers 5 zufriedengeben? Wie lernen wir, damit auch zufrieden zu sein?

   c) Welcher Grund wird am Ende von Vers 5 genannt, der uns helfen soll, gelassen bleiben zu können?

   d) Wenn wir auf diese Zusage bauen, was passiert dann in unserem Herzen (Vers 6)?

# 6. Hoffnung für Tage voller Hindernisse

*Fragen zur Vertiefung*

1. Was Ihnen an Leid zugefügt wurde, ist eine Tatsache. Aber ob man alles immer wieder in Gedanken durchleben muss, das ist die Frage.
   a) Warum ist es unvernünftig, Leid immer wieder in Gedanken zu durchleben?
   b) Welches Ihnen zugefügte Leid geht Ihnen nicht aus dem Kopf, sodass Sie es regelmäßig durchleben? Wie geht es Ihnen dann?

2. Statt die Ziegel seiner Schicksalsschläge zu zählen, pflanzt Paulus einen Garten der guten Gedanken in seiner Zelle. Er befasst sich nicht mehr mit der schlechten Behandlung, die er durch Menschen erfahren hat, sondern mit der Treue seines Gottes.
   a) Wie hat es Paulus geschafft, innerhalb seiner Gefängnismauern einen Garten zu pflanzen?
   b) Wie könnte es Ihnen gelingen, in der Enge Ihrer Umstände einen Garten zu pflanzen? Wie könnte Gott alles, was man Ihnen antut, doch noch zum Guten führen?

3. Paulus vertraut darauf, dass Gott die Übersicht behält. Er selbst weiß nicht, warum so manches Unglück geschah. Er kennt die Lösung nicht, aber er weiß, wer die Zügel in der Hand hält.
   a) Wenn Gott die Zügel in der Hand hält, gefällt ihm dann alles, was geschieht?
   b) Was bedeutet es für Sie persönlich, dass Gott die Zügel in der Hand hält?

4. Es fällt gewiss nicht leicht, in einem Gefängnis Hoffnung zu verbreiten und das Beste aus einem Leben zu machen, das ins Trudeln geraten ist. Aber Gott überzeugt uns durch Biografien wie die von Paulus, Joseph und vielen anderen, dass der Versuch allemal lohnt.
   a) Wann fällt es Ihnen derzeit ganz besonders schwer, Freude zu empfinden? Was könnten Sie tun, um es dennoch zu versuchen?

b) Was haben Sie aus den Geschichten von Paulus und Joseph gelernt, und was gibt Ihnen Mut, aus gescheiterten Plänen und geplatzten Träumen doch noch etwas zu machen?

5. Lernen Sie von Vanderlei de Lima: Lassen Sie sich von den Störenfrieden, die am Rand stehen, nicht aus der Bahn werfen, und behalten Sie Ihr Ziel im Auge – die Siegerehrung am Ende des Tages.

a) Kennen Sie jemand, der sich immer wieder durch die Störenfriede am Straßenrand aus der Bahn werfen lässt, sodass er sein Ziel nicht erreicht?

b) Haben Sie auch schon erlebt, dass Ihnen jemand ein Bein stellt, sodass Sie Gefahr laufen, die Siegerehrung nicht zu erreichen? Was können Sie heute konkret tun, um das Ziel wieder neu ins Auge zu fassen?

### BIBLISCHER IMPULS

1. Lesen Sie Philipper 1,12-21.
   a) Wie hat Paulus seine Gefangenschaft in Rom erlebt (Vers 12)?
   b) Wer hat durch die Gefangenschaft von Paulus Vorteile gehabt (Verse 13-14)? Worin bestand der Gewinn?
   c) Welche widrigen Umstände hätten Paulus während seiner Gefangenschaft schwer zu schaffen machen können (Verse 15-17)?
   d) Worauf will sich Paulus konzentrieren, obgleich er hinter Gittern sitzt (Vers 18)?
   e) Von welchen Zukunftsaussichten spricht er (Vers 19)?
   f) Worauf hofft er konkret (Vers 20)?
   g) Wie fasst Paulus seine Lebensphilosophie zusammen – komme, was da wolle (Vers 21)?

2. Lesen Sie Hebräer 11,24-28.
   a) Welche Versuchung musste Mose als Erwachsener bestehen (Vers 24)?
   b) Wie entschied sich Mose (Vers 25)?
   c) Was gab Mose die Kraft, diese Entscheidung zu treffen (Vers 26)?
   d) Was gab Mose die Kraft, nach seiner Entscheidung trotz aller Widrigkeiten durchzuhalten (Vers 27)?

**NACHGEHAKT**

e) Wie kam es, dass Moses Entscheidung schließlich ein ganzes Volk segnete (Vers 28)?

LIMONADENREZEPTE FÜR ZITRONENTAGE

## 7. TREIBSTOFF FÜR TAGE OHNE SAFT UND KRAFT

*FRAGEN ZUR VERTIEFUNG*

1. Der Fehler der Jünger bestand nicht darin, dass sie sich Gedanken machten, um ein Problem zu lösen, sondern darin, es ohne Jesus getan zu haben. Indem sie ihm keine Gelegenheit gaben, seine Meinung zu äußern, gaben sie auch ihrem Tag keine Chance.
a) Wann haben Sie Gott keine Chance gegeben, sich zu äußern?
b) Haben Sie im Augenblick mit Problemen zu kämpfen, für die Christus vielleicht eine viel bessere Lösung hat als Sie?

2. Gott kann so viel mehr tun als wir. Er kann schenken. Er kann helfen. Er kann bewahren. Und er kann bestimmen, wenn es nötig ist. Er hat bereits für alles einen Plan.
a) Glauben Sie, dass Gott bereits einen Plan hat, um Ihnen zu helfen und Sie zu versorgen? Falls nicht, welche Gründe haben Sie zu zweifeln? Und wenn Sie es glauben, wie beeinflusst diese Gewissheit Ihr Denken und Fühlen?
b) Was tut Gott für Sie, was Sie für sich selbst gar nicht tun können?

3. Mein erster Gedanke, als mir damals vor der Schule der Sprit ausging, war: *Wie kriege ich bloß mein Auto zur nächsten Zapfsäule?* Und unser allererster Gedanke bei einer Schwierigkeit oder Not sollte sein: *Wie kriege ich das Problem zu Jesus?*
a) Wie gehen Sie Probleme im Alltag an?
b) Kommen Sie regelmäßig auf den Gedanken, Ihre Probleme direkt zu Jesus zu bringen? Was könnten Sie tun, um noch öfter im Alltag daran zu denken?

4. Es wird auch Ihnen passieren, dass der Tank einmal leer gefahren ist. Es passiert einfach jedem von uns. Und das nächste Mal, wenn die Tanknadel wieder jenseits vom Nullstrich steht, denken Sie daran: Derjenige, der die Menge sättigte, ist nur ein Gebet von Ihnen entfernt.
a) Ist es schon vorgekommen, dass jemand aus Ihrem persönlichen

NACHGEHAKT

Umfeld das wundersame Eingreifen Jesu erlebt hat und sich Probleme lösten, die ohne dieses Eingreifen nicht hätten überwunden werden können?

b) Glauben Sie, dass Jesus auch in Ihrem Leben konkret wirken will, wie er es bei den Jüngern getan hat? Begründen Sie.

**BIBLISCHER IMPULS**

1. Lesen Sie Markus 6,30-44.

a) Was bot Jesus seinen erschöpften Jüngern in Vers 31 an? Was mag ihn dazu bewogen haben?

b) Wie reagierte Jesus, als die Menge sie nicht in Ruhe ließ (Vers 34)? Warum ging er auf die Menschen ein?

c) Wie gingen Jesu Jünger mit dem Problem um, das sich ihnen stellte (Verse 35-36)?

d) Wie reagierte Jesus auf ihre Vorschläge (Vers 37)?

e) Wie reagierten die Jünger auf seine Anweisungen (Vers 37)?

f) Wie band Jesus seine Jünger in die Lösung des Problems ein (Vers 41)?

g) Was erreichte Jesus durch dieses Wunder?

2. Lesen Sie 2. Korinther 1,8-11.

a) Was sollten die Freunde von Paulus über seine Lebensumstände erfahren (Vers 8)?

b) Worauf bezog sich Paulus, wenn er auf die Rettung aus Todesgefahr in Vers 10 anspielt?

c) Welche Zukunftshoffnung hatte Paulus (Vers 10)?

d) Von wem erwartete er Hilfe (Vers 11)?

## 8. Vertrauen für Tage voller Furcht und Angst

*Fragen zur Vertiefung*

1. Eben noch war er als Herold der Hoffnung allen vorangeschritten. Plötzlich aber steht er abseits, und er spürt, wie das Fünkchen Hoffnung erlischt. Dort erblickt er bereits sein Haus und auf der anderen Seite Jesus, der stehen geblieben ist. So beginnt er von Neuem zu zweifeln: *Ob er kann? Ob er sich wirklich kümmert? Ob er tatsächlich kommt?*

   a) Welche dieser drei Fragen – *Ob er kann? Ob er sich wirklich kümmert? Ob er tatsächlich kommt?* – macht Ihnen persönlich immer wieder die meisten Probleme? Begründen Sie.

   b) Warum lässt es Ihrer Meinung nach Jesus immer wieder zu, dass Sie erst durch eine Zeit des Hoffens und Bangens gehen müssen, bevor er endgültig zu Ihren Gunsten eingreift?

2. Es sollten diejenigen getröstet werden, die selbst in den Schuhen dieses verzweifelten Vaters steckten und die baten, was Jaïrus bat. Ihnen allen wollte und will Jesus noch immer antworten: „Verzweifle nicht! Vertrau mir ganz und gar."

   a) Was macht Ihnen im Augenblick am meisten Angst?

   b) Was wünscht sich Jesus für Sie? Woran dürfen Sie in der beschriebenen Situation ganz fest glauben?

3. Auch in die unbekannten Gewässer wird Gott Ihnen folgen. Man mag Sie strafversetzen, einberufen, aussenden, in die Wüste schicken oder ins Krankenhaus einweisen – so sollte sich doch eine Erkenntnis in Ihre Seele einbrennen: „Ich bin bei euch alle Tage!" Das hat Jesus uns versprochen.

   a) Warum dürfen wir darauf vertrauen, dass Jesus an jedem Ort bei uns sein wird?

   b) Warum haben wir jedoch so regelmäßig das Gefühl, Jesus habe das Boot verlassen?

NACHGEHAKT

4. Geben Sie dem heutigen Tag und allen weiteren eine Chance. Glauben Sie, dass Jesus *kann*. Glauben Sie, dass er sich *kümmert*. Glauben Sie, dass er sogar *kommen* wird! Vertrauen Sie fest darauf.

a) Warum nimmt uns der Glaube die Ängste?

b) Wenn Sie Angst haben, was hilft Ihnen da am meisten, diese Angst zu überwinden?

**BIBLISCHER IMPULS**

1. Lesen Sie Markus 5,21-43.

a) Was verrät die Bitte des Jaïrus über seine Einstellung zu Jesus?

b) Welches Ereignis ließ bei Jaïrus zeitweilig die Hoffnung sinken (Verse 24-34)? Warum ließ sich Jesus aufhalten?

c) Welche Nachricht ließ Jaïrus beinahe verzagen (Vers 5)? Was hielt der Überbringer der Nachricht offenbar von Jesus?

d) Wie reagierte Jesus auf die Nachricht (Vers 36)? Warum wandte er sich Jaïrus zu und nicht den Männern, die die Nachricht überbrachten?

e) Wer verkündete schließlich den wahren Zustand des Mädchens (Verse 38-39)? Wie reagierten die Menschen darauf (Vers 40)?

f) Wie ging die Geschichte aus (Verse 41-43)? Wie reagierten die Menschen (Vers 42)? Wie verhielt sich Jesus (Vers 43)? Warum?

2. Lesen Sie Jesaja 51,12-15.

a) Wer redet in Vers 12?

b) Welche Frage wird in Vers 12 gestellt? Warum ist diese Frage so entscheidend? Was soll damit aufgedeckt werden?

c) Was geschieht mit uns, wenn wir den Feind fürchten (Vers 13)? Was sollen wir tun, um dem entgegenzuwirken?

d) Welche Verheißung gibt Gott seinem Volk in den Versen 14-15? Worauf beruht diese Verheißung?

## 9. Berufung für Tage ohne Sinn und Ziel

*Fragen zur Vertiefung*

1. Das Kreuz ist Gottes Werkzeug der Erlösung, das Instrument zum Heil und Beweisstück seiner Liebe zu den Menschen. Wer also sein Kreuz auf sich nimmt, der trägt an Christi Last mit, die er für die Menschen dieser Welt auf sich genommen hat.

   a) Inwiefern beweist das Kreuz Gottes Liebe zu den Menschen?

   b) Nennen Sie Möglichkeiten für die, die Christus nachfolgen, ihren Anteil an der Last der Welt auf sich zu nehmen.

2. Wie sieht Ihre ganz persönliche Berufung, Ihr ganz persönlicher Auftrag aus? Was ist Ihre Mission?

   a) Ist Ihnen schon einmal bewusst geworden, dass Sie Talente besitzen, die Gott gebrauchen kann?

   b) Welche Möglichkeiten haben Sie, Ihre Talente einzusetzen, damit Gottes Liebe für die Welt noch erfahrbarer wird?

3. In welche Lebenslagen hat Gott Sie geführt? Welche Nöte in dieser Welt hat Gott Ihnen durch das Erlebte vor Augen geführt? Welche Fähigkeiten hat Gott Ihnen in die Wiege gelegt?

   a) Beantworten Sie diese Fragen noch einmal ganz konkret und persönlich.

   b) Ist Ihnen bewusst, dass der Einsatz Ihrer Talente für die gute Sache Gottes von Ihrer Familie durchaus registriert wird und Sie dadurch eine Vorbildfunktion haben? Worin sind Sie schon jetzt ein Vorbild?

4. Keiner von uns ist dazu berufen, die Sünden der Welt zu tragen (das hat Jesus bereits getan), aber dass die Lasten dieser Welt getragen werden, dazu können wir alle beitragen.

   a) Erinnern Sie sich an einen Beitrag, durch den Sie geholfen haben, die Last dieser Welt zu tragen? Was war das konkret?

   b) Können Sie bestätigen, dass diese Last nicht schwer war und Sie nicht aus dem Gleichgewicht gebracht hat?

NACHGEHAKT

5. Vielleicht sind Sie es, der andere Einsame rechtzeitig bemerkt. Das ist eine Last der Welt, die Sie auf sich nehmen, und dabei spüren Sie, dass Sie sich wieder selbst erfahren. Das Lächeln kehrt in Ihr Gesicht zurück, und Ihr Leben bekommt wieder eine Richtung. Nichts gibt Ihrem Tag eine größere Chance als eine Dosis Mitgefühl für andere.

a) Wie hat es Ihr geistliches Leben beeinflusst, dass Sie an den Lasten dieser Welt mitgetragen haben?

b) Was haben Sie dadurch gelernt, dass Sie sich aktiv um andere Menschen gekümmert haben?

*BIBLISCHER IMPULS*

1. Lesen Sie Lukas 9,23-25.

a) Was bedeutet *nachfolgen* (Vers 23)? Was heißt, *sich nicht mehr in den Mittelpunkt zu stellen* ganz konkret? Was bedeutet es, *das Kreuz auf sich zu nehmen*? Wie oft soll es getan werden?

b) Was geschieht mit denen, die sich an ihr Leben klammern (Vers 24)? Was geschieht mit denen, die ihr Leben für Jesus einsetzen?

c) Welche Frage stellt Jesus in Vers 25? Inwiefern ist dies eine wichtige Frage, die man sich jeden Tag neu stellen muss?

2. Lesen Sie Epheser 2,10.

a) Wessen Werk sind Sie? Was bedeutet das für Sie?

b) Durch wen sind Sie neu geschaffen worden? Was bedeutet das für Sie?

c) Wofür sind Sie neu geschaffen worden? Was bedeutet das für Sie?

d) Weswegen können Sie sicher sein, dass Ihre vom Geist geführten Bemühungen nicht umsonst sein werden? Wie kann dieser Vers mit seiner Verheißung Ihre Zuversicht stärken, dass Sie dem lebendigen Gott angehören?

# LIMONADENREZEPTE FÜR ZITRONENTAGE

## 10. ENTSCHEIDUNG FÜR EIN ZEICHEN DER LIEBE

*FRAGEN ZUR VERTIEFUNG*

1. Hätten wir unsere Ziele zugunsten einer fraglichen Rettungsaktion aufgegeben? Hätten wir unsere Träume platzen lassen, damit ein anderer vielleicht überlebt?
   a) Stellen Sie sich noch einmal ganz persönlich diesen Fragen.
   b) Kennen Sie ein Beispiel? Wann und wo hat jemand seine großen Ziele aufgegeben, um Ihnen zu helfen, um Sie zu fördern oder Ihnen Gutes zu tun?

2. Eigentlich klingt es unlogisch: Selbstverleugnung lässt den Tag gelingen.
   a) Was bedeutet *Selbstverleugnung* für Sie persönlich?
   b) Bedeutet *Selbstverleugnung* zwangsläufig, dass Sie all Ihre berechtigten Bedürfnisse aus den Augen verlieren? Erklären Sie.

3. Extramühe entfaltet Lebensfreude. Glück stellt sich nicht so sehr ein, wenn man seinen Everest besteigt, sondern viel eher, wenn man einen Bergsteiger rettet.
   a) Wie haben Sie sich gefühlt, als Sie jemandem dabei halfen, seinen oder ihren Mount Everest zu besteigen?
   b) Warum gibt solches Handeln so viel Kraft, und warum ist es so belebend, andere zu unterstützen?

4. Wollen Sie den Tag aus den Fängen der Langeweile retten? Dann seien Sie großzügig mit Liebesdiensten. Zeigen Sie sich mehr als nötig erkenntlich. Seien Sie zuvorkommend, ohne auf Vorteile zu hoffen. Und tun Sie etwas, wofür Sie keinen Lohn erwarten können.
   a) Haben Sie jemals etwas getan, wofür Sie keinen Lohn erwarten konnten? Nennen Sie Beispiele.
   b) Wie kann Freigebigkeit einen Tag aus den Fängen der Langeweile retten?

**NACHGEHAKT**

5. Wir sind zwar wichtig, aber nicht entscheidend. Wir sind wertvoll, aber nicht unersetzbar. Wir spielen eine Rolle im Stück, aber nicht die tragende. Wir singen im Chor, aber nicht das Solo. Das ist Gott vorbehalten.

a) Was ist der Unterschied zwischen *wichtig* und *entscheidend* – *wertvoll* und *unersetzbar*? Warum ist es wichtig, sich dieser Unterschiede stets bewusst zu sein?

b) Warum ist Gott *entscheidend* für Ihr Leben? Warum ist er *unersetzbar*? Wenn Sie ein ganzes Jahr nicht beten könnten, wie würde sich Ihr Leben verändern?

*BIBLISCHE IMPULSE*

Lesen Sie Johannes 13,1-17.

a) Was sagt uns die Tatsache, dass Jesus gerade diesen Zeitpunkt für das gemeinsame Mahl ausgewählt hat (Vers 1)?

b) Wodurch zeigte Jesus den Jüngern seine Liebe (Vers 2)?

c) Welches Wissen gab Jesus die Kraft, das durchzuhalten, was ihm bevorstand (Vers 3)?

d) Was tat Jesus in den Versen 4-7? Warum war sein Tun so überraschend?

e) Wie reagierte Petrus (Vers 8)? Was antwortete Jesus (Vers 8)? Was wollte Jesus damit sagen?

f) Was wollte Jesus seinen Freunden mit seinem Tun verdeutlichen (Verse 12-15)?

g) Wen wird man nach Jesu Worten am Ende glücklich schätzen (Vers 17)? Glauben Sie, dass Sie auch dazugehören werden? Begründen Sie.

2. Lesen Sie Lukas 14,12-14.

a) Was soll der Gastgeber nach Jesu Worten tun (Vers 12)? Warum sollen wir nicht nur Menschen aus unserer engsten Umgebung einladen?

b) Was erwartet Jesus von uns (Vers 13)?

c) Welche Verheißung spricht Jesus in Vers 14 aus? Wann wird sich diese Verheißung erfüllen?

LIMONADENREZEPTE FÜR ZITRONENTAGE

## SCHLUSSBEMERKUNGEN:
## EIN GRÜNES HÄLMCHEN IM GRAU DES ALLTAGS

### FRAGEN ZUR VERTIEFUNG

1. Wissen Sie aus Erfahrung, was es heißt, in einer tristen Welt zu leben? Wenn ja, dann folgen Sie Risners Beispiel. Gehen Sie auf die Suche. Auch Ihre „Zelle" hat gewiss Löcher in den Wänden – oder im Fußboden. Spähen Sie hindurch und fixieren Sie einen Farbfleck dort draußen.
   a) Was ist in Ihrem Leben so trist und ähnelt einer Gefängniszelle?
   b) Welche Farbflecken außerhalb könnten Ihnen Trost spenden?

2. Wir treffen jeden Tag Entscheidungen. Entweder starren wir ins Grau unseres oft so tristen Alltags, oder wir halten Ausschau nach dem grünen Hälmchen, dessen Farbigkeit neue Hoffnung spendet.
   a) Worauf richten Sie tendenziell Ihren Blick? Halten Sie Ausschau nach der Farbe, oder starren Sie lieber ins Grau?
   b) Was geschieht mit Ihnen, wenn Sie immer wieder ins Grau der Widrigkeiten Ihres Lebens starren? Und was verändert sich, wenn Sie Ausschau nach den Farben halten?

3. Wenn Sie intensiv und lange genug gesucht haben, dann werden Sie etwas gefunden haben, was Ihnen missfallen hat.
   a) Was bemerken Sie tendenziell zuerst – das Positive oder das Negative?
   b) Beschweren Sie sich häufig bei Ihren Mitmenschen?

4. Selbst der Garten Eden erscheint dem ein oder anderen als mangelhafter Ort. Aber Sie müssen es nicht so sehen! Nehmen Sie sich ein Beispiel an jenem Mann, der buchstäblich ein Gefangener seiner Umstände war. Geben Sie jedem neuen Tag die Chance, ein guter Tag zu werden. Spähen Sie durch das Loch im Boden Ihres Gefängnisses und entdecken Sie, dass unter Ihnen im Schatten ein Grashälmchen wächst.
   a) Wie kann es kommen, dass man selbst im Garten Eden unzufrieden ist?

NACHGEHAKT

b) Geben Sie jedem Tag die Chance, ein guter zu werden? Wie sieht es konkret mit dem heutigen Tag aus? Erläutern Sie.

**BIBLISCHER IMPULS**

1. Lesen Sie Kolosser 3,1-3.
   a) An welche Gruppe von Menschen ist dieser Text gerichtet (Vers 1)? Sind Sie damit auch gemeint? Begründen Sie.
   b) Wozu werden Sie dann in den Versen 1 und 2 aufgefordert? Wie sieht das ganz praktisch in Ihrem Leben aus?
   c) Welchen Grund gibt Paulus an, warum wir uns so verhalten sollen (Vers 3)?

2. Lesen Sie Philipper 4,8.
   a) Was ist so *wahrhaftig* in Ihrem Leben, dass Sie sich daran orientieren können?
   b) Was ist so *gut* in Ihrem Leben, dass Sie darauf bauen können?
   c) Was ist so *gerecht* in Ihrem Leben, dass Sie innerlich sicher werden können?
   d) Was ist so *redlich* in Ihrem Leben, dass Sie darauf vertrauen können?
   e) Was ist so *liebenswert* in Ihrem Leben, dass es Sie ausrüstet, Gott zu dienen?
   f) Was hat einen so *guten Ruf* in Ihrem Leben, dass Sie ihm nacheifern können?
   g) Was empfinden Sie als *Tugend* in Ihrem Leben, dass es Ihnen heute den Tag bereichern kann?

# Mehr von Max Lucado

Max Lucados Andachtsbuch „Gnade für den Augenblick" ist zum Bestseller geworden. Dieser Erfolg wird mit „Segen für den Augenblick" fortgesetzt, denn kein anderer Autor findet so einfühlsam den Weg zum Herzen der Leser. Hier wird ein weitverbreitetes Vorurteil eindrucksvoll widerlegt: Das tägliche Lesen einer kurzen Andacht ist keine Gabe, die nur wenigen verliehen worden wäre.
Lassen Sie sich fesseln durch Lucados Andachten, von der Kraft unvergleichlicher Bilder und geistgewirkter Einsichten.
Das Profil seiner Denk-, Glaubens- und Gebetsanstöße ist so scharf, dass Sie auch im tiefsten Schlamm des Alltags noch Halt finden.
Auf allen 365 Etappen des Jahres!

Max Lucado
**Gnade für den Augenblick**
*Andachten für jeden Tag des Jahres*
ISBN 978-3-86122-574-4
384 Seiten, gebunden

Max Lucado
**Segen für den Augenblick**
*Andachten für jeden Tag des Jahres*
ISBN 978-3-86122-852-3
384 Seiten, gebunden

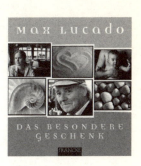

Max Lucado
**Das besondere Geschenk**
ISBN 978-3-86122-806-6
128 Seiten, gebunden

Können Sie sich vorstellen, dass Gott nach Ihnen sucht, angetrieben von grenzenloser Liebe? Dass er Ihnen alle Tage Ihres Lebens nachjagt und ein ganz besonderes Geschenk bereithält. Das Geschenk: sein Kind sein zu dürfen, geborgen von ihm aus dem Aufruhr dieser Welt, erlöst und heil.

Wie die Verpackung eines Geschenkes von unvergleichlicher Schönheit lassen die Seiten dieses Buches erahnen, was das für Sie bedeutet:
Der Gott, der Sie erschaffen hat, sehnt sich nach Ihnen und möchte Sie in seine göttliche Gegenwart einladen.

Max Lucado
**Von Gott geformt**
*Werkzeug in der Schmiede Gottes*
ISBN 978-3-86122-697-0
174 Seiten, gebunden

In der Schmiede Gottes gibt es drei Arten von Werkzeugen:
Den Schrotthaufen der unbrauchbaren Werkzeuge.
Die Werkzeuge, die auf dem Amboss liegen und bearbeitet werden,
und die zurechtgeschliffenen, gebrauchsfertigen Werkzeuge.

Irgendwo haben wir alle unseren Platz ...

Max Lucado erinnert uns durch kleine Episoden und Impulse,
Gedichte und Gedankenanstöße: Gott will uns zu einem ausgewählten, nützlichen Werkzeug formen, das er gebrauchen kann.

Max Lucado
**Mein Herz in Gottes Hand**
ISBN 978-386827-031-0
ca. 100 Seiten, gebunden

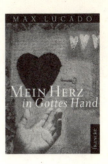

*Gott liebt Sie genau so, wie Sie sind, aber er liebt Sie viel zu sehr,*
*um Sie auch so zu belassen.*
*Er sehnt sich danach, dass Sie ihm immer ähnlicher werden.*

Doch – unsere Herzen sind meilenweit von Gott entfernt, und wir sind anders, als er das geplant hatte. Er ist friedfertig, und wir sind streitsüchtig. Er ist zielgerichtet, wir sind abgelenkt. Er ist geistlich, wir zu sehr mit Irdischem beschäftigt. Die Entfernung zwischen unserem Herzen und dem seinen ist endlos.
Wie kommen wir überhaupt darauf, dass wir ihm ähneln könnten?

Max Lucado zeigt es in diesem Buch: Wenn Sie Jesus Ihr Leben übergeben haben, dann ist er schon in Ihnen am Werk.
Dann richtet er sich in Ihrem Herzen häuslich ein, verändert es.
Dabei geht es nicht nur um ein wenig Farbe hier und da, sondern um eine Totalsanierung.
Lassen Sie sich von Max Lucado zu diesem Bauprojekt inspirieren und von Gott verändern!

Max Lucado
**In den Armen Gottes**
*31 Impule für Ihr geistliches Leben*
ISBN 978-3-86122-892-9
208 Seiten, gebunden

Seine Erscheinung ist alles andere als göttlich.
Sein Gesicht ist puterrot und seine Stimme quäkt hilflos durch den Stall: Heiliges umgeben von unheiligen Gerüchen.
Göttliches kommt in die Welt über den Boden eines Stalls, durch den Bauch einer Heranwachsenden und vor den Augen eines einfachen Zimmermanns.
*So nahe kommt uns Gott!*

Machen Sie eine Rundreise durch die Zeit:
In unvergesslichen Wortgemälden hält Max Lucado das unglaubliche Ereignis fest, als Gott aus Liebe in unsere kleine Welt kam.
Und lassen Sie sich mitnehmen zu den einfachen Menschen unserer Tage, die Jesus begegnet sind. Menschen, die sich von ihm verändern ließen und uns so viel Mut machen für unsere eigene Lebensreise.

Max Lucado
**Minuten für die Ewigkeit**
ISBN 978-3-86122-777-9
384 Seiten, gebunden

*17. Mai:*
*Als Josef von seinen eigenen Brüdern in den Brunnen geworfen wurde,*
*hat Gott nicht kapituliert.*
*Als Mose einwandte: „Hier bin ich, aber sende lieber Aaron",*
*da hat Gott nicht nachgegeben.*
*Als Petrus ihn beim Abendmahl ehrte und am Feuer verleugnete,*
*hat Gott ihn nicht fallen lassen.*
*Gott gibt niemals auf.*

... darum sollten auch wir nicht aufgeben, diesen treuen Gott zu suchen: Tag für Tag. Seine Liebe, seinen Trost und seine Korrektur für den Weg durch unsere alltäglichen Wüsten finden wir in seinem Wort.

Max Lucado hat zu 365 Versen aus der Bibel kurze Denk- und Betanstöße zusammengestellt.

In diesen Worten steckt die Kraft zum Weitermachen.

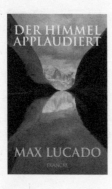

Max Lucado
**Der Himmel applaudiert**
ISBN 978-3-86122-671-0
160 Seiten, Paperback

*Sind Sie selig?*

Wie Martha, die ein Fest feiern durfte mit dem Essen,
das für einen Leichenschmaus bestimmt war?
Wie der Vater, der seinem Sohn den Geruch der Schweine vom
Körper wusch, und wie die Ehebrecherin, als sie den mit Steinen
übersäten Gerichtsplatz verließ?
Was ist das für eine Gelassenheit, die es wagt,
über die eigene Not hinwegzusehen?
Welch ein Vogel singt schon, obwohl es noch dunkel ist?
Worin liegt der Ursprung dieses Friedens, der dem Schmerz trotzt?
Geheiligte Freude.
Das „Zu-schön-um-wahr-zu-sein", das plötzlich wahr wird.
Hoffnung, wo wir sie am wenigsten vermutet haben.
Eine Blume auf dem Gehsteig des Lebens.
Und Jesus verspricht sie uns in den Seligpreisungen
seiner Bergpredigt.
Aber diese Freude ist nicht billig, keine geistliche Haltung,
die man bei Bedarf herausholt und aufpoliert. Nein, Matthäus beschreibt die radikale Veränderung unserer Herzen durch Gottes Geist.
Und er vermittelt einen Eindruck von dem Jubel,
der „auf der anderen Seite" ausgebrochen ist – über uns.